U0625915

老HR手把手教你搞定绩效管理

吴新刚　刘　蕊◎著

北京联合出版公司

Beijing United Publishing Co.,Ltd.

图书在版编目（CIP）数据

老 HR 手把手教你搞定绩效管理 / 吴新刚，刘蕊著 . —北京：北京联合出版公司，2019.11

ISBN 978-7-5596-3491-7

Ⅰ . ①老… Ⅱ . ①吴… ②刘… Ⅲ . ①企业绩效－企业管理 Ⅳ . ① F272.5

中国版本图书馆 CIP 数据核字（2019）第 156658 号

老 HR 手把手教你搞定绩效管理

作　　者：吴新刚　刘　蕊

责任编辑：张　萌

特约编辑：李淼淼

封面设计：水玉银文化

版式设计：书妆文化

北京联合出版公司出版

（北京市西城区德外大街 83 号楼 9 层　　　100088）

嘉业印刷（天津）有限公司印刷　　新华书店经销

字数 258 千字　　787 毫米 × 1092 毫米　　1/16　　19.75 印张

2019 年 11 月第 1 版　　2019 年 11 月第 1 次印刷

ISBN 978-7-5596-3491-7

定价：68.00 元

未经许可，不得以任何方式复制或抄袭本书部分或全部内容

版权所有，侵权必究

本书若有质量问题，请与本社图书销售中心联系调换。电话：010-82894445

目　录
CONTENTS

前 言
PREFACE

阿基米德说过："给我一个支点，我就能撬动地球。"如果把企业比作地球，把人力资源管理比作支点，那么，什么是撬动企业的杠杆呢？那就是绩效管理。

随着知识经济时代的到来和市场竞争的加剧，人们越来越清晰地认识到，人力资源是企业的"第一资源"。一家企业的成长是由每一位员工成长的合力推动的。纵观世界，我们可以看到，优秀的企业必定拥有优秀的人才，优秀的人才才能创造优秀的企业。我们也意识到，评价、衡量企业的指标多种多样，"世界500强排行榜"就是各大公司的竞技场，它们在那里被认知、赞扬、崇拜，也被冷落、遗忘、淘汰。在这个大浪淘沙的过程中，人力资源让人才脱颖而出，它使企业起死回生，走向辉煌。

有效的绩效管理是提高企业员工素质最关键的一环。企业的人力资源开发和管理离不开绩效管理。那么，绩效是什么？为什么绩效考核总要面对那么多矛盾和冲突？怎样科学运用绩效考核的结果？怎样改善和提高员工的绩效？总之，如何做好绩效管理，应该成为经理人关注的焦点。

实施绩效考核、关注绩效改进是企业不断自我提升和达成战略目标的重要保证。但几乎没有哪家企业对自己的绩效管理体系感到满意，因为不同性质、不同行业、不同文化、不同发展历程的企业，都有其独特的运营模式，即使在一家企业中，不同层级、不同部门、不同岗位都有其独特的成长指标，所以没有任何一套绩效考核方案能够"包打天下"。因此在人力资源管理的实践过程中，建立并实施有效的绩效考核与管理体系绝非易事。建立适合本企业实际的绩效管理体系，不仅要考虑如何建立指标，选用方法，有效激励，更要考虑如何使该体系与企业长期发展战略相结合，成为企业持续发展的不竭动力。

科学的绩效考核与管理体系需要由有效的绩效考核工具做保障。随着人力资源理论与方法研究的不断深入，绩效考核工具已由早期的两两对比法、排序评价法等传统方法经由行为锚定法、量表法、关键事件法等的过渡，发展为更科学、更现代化的360度绩效考核法和平衡计分卡绩效考核法等。如此众多的绩效考核工具，哪一种更适合自己的企业？本书正是以此为基点，结合剖析和探讨目前企业在绩效管理的理念上、方法上存在的一些问题，并根据一些成功的案例，有针对性地提出若干绩效管理的方法和技巧，从绩效计划、绩效实施、绩效考核和绩效反馈等方面系统讲述绩效管理的各个环节。

在研究绩效管理过程中，无数实践提供了大量的实用案例。绩效管理是一门操作性很强的课题，所以在理论上的探索和研究都要归结到实践中去。我们不仅要在思想上有大刀阔斧、毫不动摇的决心，也要在实践中有谨小慎微、如履薄冰的细心。

　　本书没有将重点放在理论的介绍上，而是着重从实际操作角度讲述各种常用的绩效考核技术，对绩效考核与绩效管理的各个环节做了具体的介绍，并在各技能描述中穿插了大量的实例。

　　在本书的写作过程中，我参考了大量国内外专家学者的著作和研究成果，在此特向这些著作和研究成果的作者致以衷心的感谢！绩效考核和绩效管理涉及人力资源管理的方方面面，对某些问题的认识和研究往往需要放到更为广阔的领域中去思考。本书由于编写时间较短，加之个人知识和阅历有限，疏漏和不当之处在所难免，敬请专家学者和广大读者批评指正。

第一章
认识绩效管理

　　绩效管理是我们熟悉的一个词汇，不同的组织都在进行绩效管理。有时它看起来似乎并不重要，人们对它敷衍了事；有时它又变得与企业的命运息息相关，员工的晋升、奖金等都与它联系在一起；有时它还会成为激发矛盾的导火索。无论从组织角度，还是从管理角度或员工角度，绩效管理都可以解决企业面临的一些问题。同时，随着人力资源开发与管理在企业管理中的地位变得日益重要，做好绩效管理已成为企业关注的焦点和经理人搞好经营管理的法宝。因而，人们对绩效管理的探索正呈如火如荼之势。

技能点 1
正确理解绩效和绩效管理

绩效管理能将企业的战略目标分解到各个业务单元,进而分解到每个人,对每个员工的绩效进行管理,促使其改进和提高,从而提高企业的整体绩效。绩效管理在整个人力资源管理系统中占据着核心地位。那么,绩效是什么呢? 对绩效管理的探索,有必要从绩效的定义拉开帷幕。

1. 认识绩效和绩效管理

从管理学角度看,绩效是组织期望的结果,是组织为实现其目标而展现在不同层面上的有效输出。

从经济学角度看,绩效与薪酬是员工和组织之间的对等承诺关系,绩效是员工对组织的承诺。

从社会学角度看,绩效意味着每个社会成员按照社会分工所确定的角色须承担他的那一份职责。

川积细流,海纳百川。这为我们揭示了绩效的内涵。组织绩效来源于各团队绩效的整合,而团队绩效来源于每个员工所创造的合力。追本溯源,每个层次的绩效均来源于员工绩效。万丈高台,起于垒土,员工绩效即是根基。同时,员工个人的表现又不能脱离组织和团队的导航,否则将无绩效可谈。给人才以发展的空间和提供实现个人价值的舞台,

3

他才会全力以赴。

图 1-1 中，左图以组织为主体，表明没有组织的盈利，就不会有员工的收获和回报；右图则展示了没有员工的成功和团队的成就，就没有组织的辉煌。

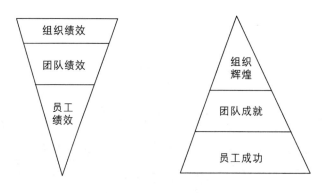

图 1-1　绩效的三个层次

由图 1-1 可知绩效有三个层次，相应地，绩效管理也有组织绩效管理、团队绩效管理、员工绩效管理三个层次。绩效的根基是员工，绩效管理的重锤也应敲在员工绩效管理上。

简单地说，绩效管理就是对员工行为和产出的管理。核心思想是以人为本，即让员工充分参与绩效考核的过程，在完成组织目标的基础上，重视员工的发展，制订员工的职业生涯计划以实现员工的个人价值。

绩效管理在绩效计划制订、绩效考核、激励等过程中均依照"以人为本"这一核心思想进行。因而绩效管理比单纯进行的绩效考核更注重未来，比目标管理等涵盖的内容更丰富。

2. 绩效管理是企业战略落实的载体

绩效管理就像一根线，将每个职位像珍珠一样串在一起，将战略任务赋予每个职位。

由图 1-2 可知，绩效管理通过为每名员工制定有效的绩效目标，可以将企业战略与人合为一体。

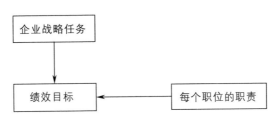

图 1-2　绩效将企业战略与人合为一体

绩效目标的制定应当是自上而下的，即公司的战略通过绩效目标的制定层层下传（见图 1-3）。

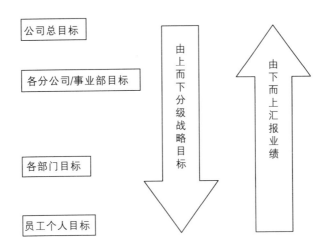

图 1-3　绩效目标由上向下传递

3. 绩效管理是构建并强化企业文化的工具

现在不少企业都在提企业文化，但对企业文化的认识并不是很深入，很多还只是停留在几句象征性的宣传口号上。其实企业文化的核心是一家企业的价值准则，绩效管理在企业价值观的传递过程中究竟发挥了什么作用呢？通常有强化和构建的作用。

（1）强化作用

如果一家企业强调团队合作，那么在设计绩效考核指标时，就要考虑到各岗位间的合作指标及部门总体绩效对员工个人绩效的影响。

如果企业重视长远、平稳的发展，则其绩效考核不仅要考核销售额，还要对产品的市场占有率及新市场的开拓赋予更多的权重。

如果企业看重员工能力的提高，则在设计绩效考核要素时，不仅要强调工作结果，更要关注员工的行为过程和工作表现。

（2）构建作用

企业在持续发展的过程中，要不断提出新的价值观以更新企业文化。对那些新的价值观，员工有可能感到陌生，甚至产生抵触心理，因而，新价值观的构建要通过在绩效考核指标中设计符合新价值观的内容来实现。

4. 绩效管理是提升管理水平的有效手段

绩效管理是基础薄弱的企业进行管理改进的有效手段。其特殊功效如下。

（1）能提高企业计划的有效性

不少企业要么没有计划，要么计划过于死板，导致计划在执行过程中的有效性很差，这种状况致使整个企业的经营处于不可控制的状态，而绩效管理在一定程度上可以弥补这一缺陷。由于绩效管理这一制度性的要求，企业必须认真分析制定工作目标的有效性，并对目标完成结果进行评估，进而修正计划。

（2）能提高管理者的管理水平

一些管理者缺乏管理知识和技能，不懂得如何有效地整合企业内的资源，不知如何管人。绩效管理则要求管理者要完成制订工作计划、评价员工的工作表现、帮助下属提高绩效等一系列工作。要提高管理者的水平，就要设计出一套制度化的方法来规范每一位管理者的行为。

（3）易于暴露企业存在的问题

一家看似风平浪静的企业在进行绩效考核时，可能会使一些一直潜藏在企业内部的问题暴露出来，其中很多跟考核数据的准确性、管理者的管理技能、考核目标的有效性等密切相关。这些问题如果越堆越多，企业就会像"温水煮青蛙"中的青蛙一样于不知不觉中死去。

由此可见，绩效管理不仅是人力资源的重要组成部分，更是企业强有力的管理手段之一。绩效管理就是要通过考核提高个体的效率，最终实现企业的目标。

现在很多企业都为进行有效的员工绩效管理，建立了完善的绩效评价系统。该系统建立在两个假设基础上：

一是大多数员工为报酬而努力工作，只有给他们更高的回报才能使他们更关心绩效评价。

二是绩效评价过程是对员工和管理者同时评价的过程。

但员工通常为以下问题所惑：我所在职位的工作内容是什么？这个职位应得到什么报酬？我如何改进工作方法？

围绕上述问题，很多企业进行绩效评价的内容主要分为两部分：工作结果和绩效要素。最终的绩效结果是这两部分内容评价结果加权的总和。所以对员工进行公正的绩效评价，才更有利于企业的人员稳定。

技能点 2
正确区分绩效管理与绩效考核

很多企业虽然讲的是"绩效管理",但实际操作的往往是"绩效考核"。这两个概念的混淆,已经成为如今企业绩效管理的一大误区。要想使绩效管理成功,必须正本清源,纠正错误的认识。切记,绩效考核不等同于绩效管理。

1. 绩效管理的含义和内容

有效的绩效管理从建立以人为本的企业文化开始,结合员工个人的发展计划及公司的总体战略目标确定个人的工作计划和目标。

绩效管理是管理者与员工就工作目标和如何达成工作目标进行协调并达成共识的过程。在此过程中,管理者和员工达成的承诺必须规定:

① 希望员工达成的工作目标。

② 员工的工作表现对实现公司目标的影响。

③ 衡量工作绩效的标准是什么。

④ 员工和主管如何共同努力以完善和提高员工的业绩。

⑤ 指明绩效管理中会遇到的障碍并寻求排除办法。

绩效管理的流程包括计划、辅导、考核、反馈。这四个步骤往复循环,最终实现组织和员工的绩效改进(见图 1-4)。

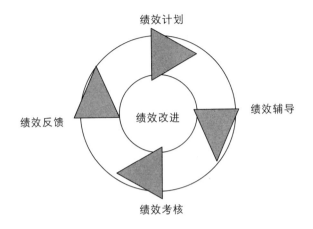

图 1-4　绩效管理流程图

　　绩效管理首先应当是管理。绩效管理同样是管理者日常管理的一部分,它没有什么特殊性,更不只是人力资源部的专利。

　　绩效管理是一个持续沟通的过程。绩效管理是通过管理者和员工持续沟通,并最终达成协议来保证完成的。

　　绩效管理不仅注重工作结果,更重视达成目标的过程。结果固然重要,但绩效管理循环过程中的计划、辅导、考核和反馈,也是必须强调的。

2. 对绩效管理的认识误区

　　我们应当纠正在绩效管理上较为普遍的错误认识。

　　绩效管理不是:

　　① 简单的任务管理;

　　② 绩效考核;

　　③ 一组评价表;

　　④ 专为寻找员工的错处,对员工严加控制,重控制、轻管理;

　　⑤ 只是人力资源部的工作;

　　⑥ 强迫员工更好或更努力工作的"大棒";

⑦ 一年只需一次的填表工作；

⑧ 只在绩效不尽如人意时使用；

⑨ 只在加薪、晋级时使用，重短期、轻长期；

切记，绩效考核不等同于绩效管理。

⑩ 对人不对事；

⑪ 制订计划、确定标准，重计划、轻执行；

⑫ 只采用绩效工资，重结果、轻过程；

⑬ 针对管理者的绩效，重高层、轻低层；

⑭ 管理者的事，重管理、轻参与。

3. 绩效考核的含义和内容

绩效考核就是针对企业中每个员工所承担的工作，应用各种科学的定性和定量方法，对员工行为的实际效果及其对企业的贡献、价值进行考核和评价。绩效考核是绩效管理不可或缺的一部分，但不是绩效管理的全部。绩效考核只是绩效管理的一个点。

绩效考核主要包括以下几个方面的内容。

① 绩效考核最终是要考核员工到底为企业做了什么。它被称为结果取向的评估，不仅对企业整体的战略目标，还要对目标的结果进行评估。

② 绩效考核要在与员工个人目标结合的基础上，考核企业的整体绩效。

③ 绩效考核有利于员工发现自己的不足，并在管理者的指导下改进自身的绩效。

④ 绩效考核应当是经常性、制度性的。

⑤ 绩效考核的结果可以作为激励和发展的依据。

4. 绩效管理和绩效考核的区别

通过上面的论述，我们可以看出，绩效考核只是绩效管理的一个环节，是进行绩效管理的一种手段。绩效考核实质上反映的是过去的绩效，而不是未来的绩效；绩效管理更注重的是对未来绩效的提升，着眼于未来的发展战略。

绩效管理与传统意义上的绩效考核的主要区别如表1-1所示。

表1-1　绩效管理与绩效考核的主要区别

绩效管理	绩效考核
管理程序	人力资源管理程序
计划式	判断式
一个完整的管理过程	管理过程中的局部环节和手段
在过程中解决问题	事后再想补救措施
注重结果和过程	注重结果
侧重于信息沟通与绩效提高	侧重于判断的评估
双赢	成或败
伴随管理活动的全过程	只出现在特定的时期
事先的沟通与承诺	事后的评估
关注未来的绩效	关注过去的绩效

绩效考核仅是进行绩效管理的一种手段，它不包括前端的贯彻理论，也不包括后端的发展战略。但需要注意的是，过于漠视前端，会使员工的积极性难以发挥，对考核标准的认同度不高，引发员工的抵触情绪；过于漠视后端，考核可能会形同虚设，费力不讨好。

王先生最近情绪很不好，全公司25个办事处，除了自己负责的C办事处，其他办事处的销售业绩都有所增长，可他的办事处业绩非但没有增长，反而有所下降。

在公司里，王先生是公认的销售状元，进入公司5年，可谓"攻无不克，战无不胜"，从一般的销售工程师一路晋升到办公室主任。王先生当了办公室主任后，深感责任重大，把最困难的工作留给自己，并经常给下属传授经验，业绩却令人失望。临近年末，除了要做销售冲刺，他还要完成公司推行的"绩效管理"新制度。王先生自语道："天天讲管理，市场还做不做？管理是为市场服务的。不以市场为中心，管理有什么意义？又是规范化，又是考核，办事处哪还有时间抓市场？人力资源部的人多了，就要找点事儿做。"

好在绩效管理已是轻车熟路，通过内部电子系统，王先生给每个下属发了考核表，要求他们尽快完成自评。同时自己根据一年来员工的总体表现对其进行了排序。但因时间相隔较长，平时又没有很好地做记录，谁表现好、谁表现差已经难以区分。最后，王先生选了6名下属进行了5～10分钟的沟通。

分析

从人力资源部看，考核内容是人力资源部费尽心血做出来的，但到了各级主管手中，却像一个死循环一样，不被当回事。

从员工来讲，年复一年写出的工作总结，公司和管理者从没仔细地看过，考核真的变成了一种形式。"只要别出错，结果差不到哪里去""干活不如把上司的脉"等想法普遍存在于员工之中。

从管理者来讲，平时工作已经够忙了，人力资源部还要无事找事。

但从实际看，王先生的部门运作得不是很好。他的下属不能按要求完成任务；他们对应该做什么不是很清楚，造成有事没人做；同一错误重复发生，但没人知道为什么会这样；而王先生对发生的事都不太清楚，他只知道他很忙，他的下属也很忙，却不知道为什么没有忙出结果。

这个问题主要说明王先生实际上没有设立清晰的绩效目标，平时不但对下属的绩效辅导不到位，而且对员工绩效的重大事件也不了解，导致部门绩效不好，等到要做绩效评估时就不知道评定的依据是什么了。

技能点 3
明确绩效管理的受益者

一家企业实施绩效管理最基本的动力就是提高企业整体的业绩，因而组织者显然是最直接的受益者。同时，绩效管理是对传统的绩效考核的创新，因此可以实现企业和个人的双赢。

1. 企业——绩效管理的受益者

（1）绩效管理是企业发展方向的领航员

"龟兔赛跑"的故事大家都知道，最后是乌龟赢了。兔子一直为自己的轻敌后悔，终于在若干年后，决定报仇雪恨，于是与乌龟约在同一地点，再进行一场比赛。比赛前，兔子深刻总结了上次失败的经验教训，一改以往轻狂的态度，决心在比赛中竭尽全力，一定要发挥出最大潜能，跑出最好成绩。它要向所有动物证明：兔子绝对比乌龟跑得快！

比赛枪声一响，兔子就像箭一样地蹿了出去。大家猜猜这次的结果如何？

还是乌龟赢了！

为什么？

因为兔子跑错方向了！

兔子的行为似乎令人哭笑不得，但仔细回味一下，这种情况在如今的企业中还算少吗?

企业的战略往往是经过高层精心策划的。我们必须明白,制定战略就是为了实施,再好的战略如果不能实施,也就成了空想。企业为适应市场环境的发展及社会需求的变化,会在一定程度上对企业的战略进行调整。此时,企业的发展方向可能会发生改变,如果不能及时地引导员工朝着新的方向努力,那么,即使企业拥有高素质的员工,并且员工都在努力地工作着,企业的结局也可能像故事里的那只兔子,费力不讨好,最终以失败收场。

绩效管理的作用之一就是要为员工指明努力的方向,使员工一开始就明确自己的目标在哪里,清楚地知道自己在战略实施过程中所扮演的角色是什么。如果员工能保证将自己分内的工作完成,企业战略目标的实现自然不在话下。

(2)绩效管理有利于强化奋发向上的企业文化

一家企业的文化常常会用几句精练的语言加以概括,并会在企业的经营活动中像只无形的手,影响和左右企业的各种活动。但想将这些内容传达给员工,让员工理解且认同它,就不是一件容易的事了。

一家企业的好坏取决于企业的人才,而人才能量释放的多少就要看绩效管理了。绩效管理的贯彻,首先要建立起以人为本的企业文化,充分地尊重员工,给他们提供发展的空间和舞台。员工在这种各尽所能的工作氛围中,就会工作积极性高涨。强烈的归属感会将员工和企业紧密地联系在一起,员工在主人翁意识的驱动下,更容易为实现目标而努力,从而巩固、发展企业文化。

> 一家企业的好坏取决于企业的人才,而人才能量释放的多少就要看绩效管理了。

同时,绩效管理系统的运行过程,实际上也是企业文化灌输的过程。它作为企业高层表达和宣扬企业文化的重要途径,使员工明了管理者所推崇的行事方式,使管理者和员工明确什么是企业鼓励的行为,什么是企业不鼓励的行为，最终使企业文化被所有员工理解、接受并贯彻执行。

（3）绩效管理有利于绩效的提高

俗话讲，众人拾柴火焰高，如果将每名员工的创造力和潜能都发挥出来，就会形成巨大的合力，推动企业的发展。

克莱斯勒汽车公司原总裁李·艾柯卡注重激发和保持下属的进取精神，使濒临倒闭的克莱斯勒公司起死回生，缔造了不朽的辉煌。他认为，在下属已经开始扬扬得意时，可多加批评；但当下属意志消沉时，万勿过于苛刻。下属有时会对自己的失败心灰意冷，如果这时再继续批评，会挫伤他的自尊心，把他要改进工作现状的仅有的那么一点点积极性都打掉了。

（4）绩效管理有利于稳定人才队伍，吸引新的加盟者

绩效管理的实施，使得各个层次员工的价值都可以得到体现和认可，并且员工只要努力，就会有发展。绩效管理的贯彻，使员工有了职业安全感，看到了发展前途，自然会潜心工作。有识之士自会闻风而动，到企业来效力，从而使企业不时地补充新鲜血液，不断地完善人才结构。

（5）绩效管理有利于企业中组织结构的优化，使之更具柔性

绩效管理使得员工广泛地参与管理过程，改变以往的信息沟通模式和决策方式，主动性大大增强。绩效管理强调协作，有助于减少企业的内耗，弱化监管在企业中的作用。企业的层级关系向扁平化发展，适应社会对组织的柔性要求，使企业能更快地对市场发生的变化做出反应，及时调整，更具有灵活性。

2. 管理者——绩效管理的受益者

许多管理者既不善于使员工明确其要从事工作的具体内容、拥有的权利和义务，以及工作完成的标准，也不能客观公正地对员工的工作表现和工作完成状况进行评价。员工们经常会抱怨他们的领导只是靠权威来实现其意愿。

（1）绩效管理提高了管理者的管理水平

有研究表明，员工更多时候是忠于优秀的经理，而不是企业。若一名优秀的经理离职，他的许多下属也会随之而去。那么，如何成为一名优秀的管理者呢？

优秀的管理者是真正关心和热爱下属的人，他们能公正、客观地进行个人表彰，提高绩效标准并改善与员工的关系，发挥最大的影响并维持高绩效水准。

如今，优秀的管理者越来越多地被要求作为教练、辅导者，而不再只承担以往监督员的角色，他们应通过介绍、指导、建议和鼓励等各种手段来给予员工帮助，以改进和提高工作绩效。

（2）绩效管理减少了管理阻力，提高了管理效率

在绩效管理中，员工不再是被动的接受者，他们有协作的意识和参与的愿望，他们与管理者一起制订工作计划，及时将实施中的问题反馈给管理者并从管理者处获得指导和支持，这样做使员工将个人意识与企业的发展前景结合起来。因而，管理者在对员工授权时，也为自己清除了掣肘的可能，增添了有力的左膀右臂。

（3）绩效管理有助于管理者提高个人绩效，谋求长远发展

管理者在个人绩效和发展方面比一般员工更具有优势，因为管理者作为一个团队的领头羊，业绩好时，更容易有成就感，也更容易获得认同和发展。

3. 员工——绩效管理的受益者

（1）绩效管理使员工从企业和管理者的受益中受益

当企业及其管理者从绩效管理中受益时，作为企业和绩效管理一分子的员工也会成为绩效管理的受益者之一。当企业从绩效管理中得到好处时，企业的收益就会提高，员工的收入将会随着企业利润的增加而同步增加。

当管理者的管理水平提高后，员工在绩效管理的过程中会得到更多的帮助和辅导，这会使得管理者和被管理者的关系变得更融洽，工作更加顺利。

（2）绩效管理使员工的精神需求的满足程度大大提高

按照马斯洛需求层次理论，人们在收入水平较低的情况下，往往只会在社交的需求这个层次上拼搏，对于处于更高层次的尊重和自我实现的需求并不敢奢求。但随着收入水平的增长和人们整体文化素质的提高，员工开始对尊重和自我实现有所期望。

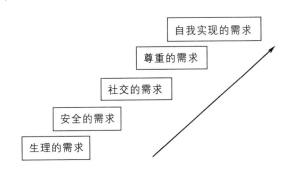

图 1-5　马斯洛需求层次理论

在绩效管理的过程中，员工的参与度增加，会使得其受尊重的欲望和自我实现的需求得到一定程度的满足。

（3）绩效管理使员工感受到工作是快乐的

绩效管理的效果之一就是让员工感受到工作对于他们不仅仅是一种责任，他们得到的不仅仅是一份工资，他们不再是一群被动的接受者，而是有明确目标、有上级支持的、训练有素的人。只有当员工感到工作的快乐时，他们的积极性才能充分发挥，他们的潜能才能被完全挖掘，他们才有机会和能力去承担更大的责任，分享更大的成功。

（4）绩效管理使员工获得更多的发展机会

企业会根据员工的意愿、特长、工作需要，结合员工的一贯表现安排工作岗位。员工会在管理者的协助下，制定和实施个人的职业生涯规划，获得长远发展的机会。

（5）绩效管理使员工通过公平竞争，获得优厚的报酬

绩效管理的体系中是没有庸才生存的土壤的。合理的绩效考核，可以克服管理者的偏见带来的弊端，员工只要有能力，有干劲，出业绩，就会有相应的回报。

实施绩效管理是需要时间和精力的，也许你宁愿将时间和精力放在其他地方，但经过以上论述，你是否发现对绩效管理付出的时间和精力都是值得的？因为这是一种投资。只要将绩效管理体系运用得合理恰当，无论是对整个企业，还是对管理者，甚至对每一个员工，都是有明显的好处的。

▌ **思考** ▐

为了更好地证明一名管理者是否真正实现了管理效果，可以从以下两个测评问卷里找寻答案。

1. 如果你是一名管理者，你的企业实现以下管理效果了吗？

表1-2　企业管理效果表现

每一位员工都能清楚地理解其工作的任务、权利和责任，在工作细节上无须管理者操心	□是　□否
任何时候员工的努力方向均和企业目标保持一致	□是　□否
减少员工因工作职责不明确而产生的不必要的误解和纠纷	□是　□否

随时了解员工的工作完成状态，在问题处于萌芽阶段时就将它处理掉	□是 □否
通过帮助员工找到错误和效率低的原因及解决手段，防止问题的再次发生	□是 □否

2.如果你是一名管理者，下班回家后，你是否被以下问题困扰呢？

表1-3 管理者的困扰

需要进行过细的管理并深入每一件具体事务中，以保证事务的处理正确	□是 □否
员工们太胆小，该做决策的总来请示	□是 □否
员工们对谁该做什么和谁应该对什么负责有异议	□是 □否
员工们提供的重要信息太少	□是 □否
问题发现得太晚，以至于无法阻止它的扩大	□是 □否
员工们重复犯相同的错误	□是 □否

技能点 4
根据对象确定绩效管理方式

企业对员工的管理方式通常是由企业对员工的认识决定的。一套完善的绩效管理体系应当能针对不同的对象采取不同的绩效管理方式。

1. 传统经济与知识经济下企业对员工认识的区别

在传统经济体制下，企业对所有员工的工作表现均采取同样的评价方法，依据的都是按照劳动付出的不同进行分配的做法。

进入知识经济时代后，随着知识密集型劳动者的增加，以及劳动者所从事的工作中知识含量的提高，工作的形式越来越多样化，知识等非物化劳动形式对价值的贡献越来越大。

面对这种变化，企业应当以新的思维方式来看待员工，以新的视角对企业中的人才进行"开发"。因此，企业所建立的绩效管理系统必须能够适应这种兼具多样化和个性化的工作方式，能针对工作性质不同的员工提供不同的绩效管理形式。

对职类、职种、职层的划分，既是为了明确要完成职责范围内工作所需的条件，也是为了反映工作所需实现的成果。

2. 按员工在企业中所承担责任的划分来确定绩效考核方式

可以按照员工各自在企业中所承担的责任，来确定相应的绩效考核方式（见表1-4、表1-5）。

表1-4　员工责任划分

职层	划分标准
公司高层	1. 根据环境的变化，把握企业的经营发展方向，把握企业战略目标或某一业务发展目标的制定 2. 控制规划设计和业务系统的改进，组织进行如事业领域、产品领域、服务领域、市场等创新工作 3. 培养继任者和适合公司需要的中坚力量
公司中层	1. 参与公司的整体规划或某一领域的设计规划 2. 正确理解公司的战略，并根据战略规划的要求，站在战略的高度和业务系统的角度建立起业务系统的标准和作业规范 3. 将企业和部门的目标落实到每个员工，并应监督、指导下属的业务工作 4. 为提高部门及业务系统的工作效率，不断进行业务技术和方法的研究与开发，推进工作方法和技术的创新 5. 指导下属设计自己的职业生涯规划，培养下属的核心技能
公司基层	1. 严格执行已有的业务标准，熟练掌握业务技术和工作方法，能独立完成符合标准的工作任务 2. 尽可能地对工作方式进行技术上的革新 3. 对产品的数量、质量、成本及任务完成的及时性，生产各环节的服务质量承担责任

表1-5　各层级员工绩效考核

类型	绩效考核特征	绩效考核方式	考核周期
高层管理者	基于经营绩效达成的关键业绩指标考核	关键业绩指标述职报告	一年
中层管理者	以任职资格为基础，基于战略目标实现的关键业绩指标考核	关键业绩指标述职报告	半年

类型	绩效考核特征	绩效考核方式	考核周期
中、基层员工	关键业绩指标考核及基于关键业绩指标落实的关键行为考核	关键业绩指标考核及行为考核	季度
作业类员工	基于部门关键业绩指标分解及关键业绩指标实现的关键行为的每日评价	关键业绩指标考核及行为考核	每日记录月度考核

3. 根据不同的工作性质采用不同的绩效管理方式

首先，应将企业内现有的所有职位根据工作性质的不同划分为不同的类别（见表1-6）。

表1-6　各职能类别划分标准

职类	划分要素
管理类	为企业经营管理系统的高效运行及各项经营决策的正确性负直接责任
市场类	对产品进入市场、产品品牌的树立及市场占有率承担直接责任
技术类	对产品的创新性和技术在行业内的先进性承担直接责任
专业类	对为企业行政管理系统提供的专业化管理信息及管理服务的质量、效果承担直接责任
作业类	对产品生产的数量、质量及生产成本负直接责任

其次，分析总结各种类别工作的特点，将工作特点类似、可以采用同种绩效评价方法的职能类别合并，建立起一套适应各职能类别特点的绩效考核体系（见表1-7）。

表 1-7　职位类别绩效考核体系

职位类别	绩效考核特征	绩效考核方式	考核周期
承担直接管理责任的各级管理者	以业绩目标完成和工作改进为基础的绩效考核	对业绩目标进行考核	一年或半年
从事业务或研发设计的一般工作人员	以工作改进和目标设定的计划完成为基础的绩效考核	计划完成度考核	季度
从事例行性常规工作的人员	以工作量的完成为基础的绩效考核	工作量完成度和准确性考核	月度
行政类或日常事务类工作人员	以该职位应负的责任和额外工作完成情况为基础的考核	承担责任、额外贡献考核	季度

在企业中，员工所处的职位不同，所负担的使命和责任不同，因此，企业在构建绩效管理体系时，应针对各自不同的特点，采用各自适合的方法及衡量标准，力求考核结果的准确。

技能点 5
克服绩效管理障碍

实施绩效管理的益处很多，但误区和难处也很多。绩效管理体系会受到企业、人、技术、环境等各种因素的影响和制约。因而，能否避免和克服在绩效管理发展道路上的障碍，将绩效管理带来的益处发挥到最大，是事关绩效管理成败的重要方面。

1. 企业与员工做到目标一致

企业目标和员工目标一致对企业来说是非常重要的。企业目标与员工个人目标的一致，是成功实施绩效管理的基础与保证。

不过，在企业实施目标管理的过程中，员工个人目标与企业目标不一致的情况也常常出现。使这两个目标趋同，是管理者的一大难题。

企业目标与员工个人目标的一致，是成功实施绩效管理的基础与保证。

下面四种方法，可供管理者参考。

① 可以通过各种形式，采取各种手段，将组织的战略宗旨和企业文化在员工中进行不断的宣传，使之得到大家的认同。

② 在制订团队工作计划时，真诚地邀请员工参与。

③ 使员工看到可以发展的美好前景。

④ 帮助和指导员工制订并实施工作计划和员工职业生涯规划。

2. 坚持以人为本

绩效管理的思想精髓，在于将以人为本的理念贯彻始终。绩效管理能优于其他形式的管理的一个重要原因，就是它将以人为本的理念渗透到具体操作的每一步中，并赋予了它新的含义。

让员工自己制订计划、进行自我考评等方式都是以人为本的体现。如果没有以人为本的思想，管理者很难发自内心地听取员工的意见和建议，很难大胆地授权，很难想到将激励与培训措施相结合以满足员工的发展意愿；员工也不会真诚地愿意参与到企业、团队的建设中来。这样的绩效管理就完全流于形式了。

经营者的责任不在于改变人，而在于有效活用个人的长处以增强组织的工作效果。每名员工都认为自己是与众不同的。因此，管理者在用人时，应充分考虑每名员工的个性、特长、价值观、目标等，有的放矢，善加利用，以期发挥员工的无限潜能。

> 经营者的责任不在于改变人，而在于有效活用个人的长处以增强组织的工作效果。

3. 让员工参与

员工参与不仅仅是请员工开个座谈会，填个调查表，更应给员工真正做主的机会和权利，让他们从参与的过程中，得到尊重，获得满足。员工参与的实现可以通过下列途径：

① 让员工参与企业目标、团队计划等的制定。

② 设立开放、方便的接纳建议的渠道。

③ 管理者进行适度授权。

④ 建立快捷的信息沟通反馈机制。

⑤ 在一定程度上实行员工自我管理。

员工只有感到自己充分参与了组织活动，才能更好地将个人发展计划和工作目标相结合，其积极性、创造性和潜力才能得到最大的发挥。

4. 实施有效沟通

信息时代，没有沟通会变成什么样？除了与外界的沟通，组织内部的沟通同样重要，它作为实现员工参与、提高员工参与效果的渠道，是必不可少的。

内部沟通可以有多种形式，如上级和下级的纵向沟通、同级间的横向沟通等。那么，组织和员工个人能通过沟通实现什么呢（见图1-6)?

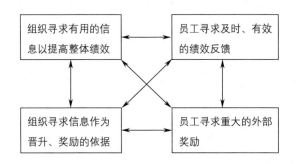

图1-6 组织和员工个人有效沟通的结果

沟通应是开放的、双向的。及时、有效的沟通，可以消除绩效管理过程中遇到的阻力，以及由于信息不对称、不准确而造成的误解。沟通是管理的润滑剂，可以实现企业内部资源的优化配置，优势互补，实现资源共享，减少不必要的浪费。例如，某生产企业北京分公司所进原料过剩，天津分公司却因原材料的断货而几乎停产，此时，通过有效的沟通即能使资源得到有效的利用。

那么，管理者又为什么要与员工进行沟通呢？图1-7明确体现了管理者与员工沟通的目的。

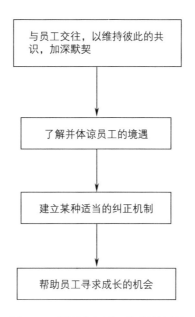

图 1-7　管理者与员工沟通的目的

因此，管理者要与员工进行有效的沟通，员工心情舒畅了，就会更加忠诚于企业。管理者的管理难度降低了，组织的业绩也会不断提高。三方共赢的局面，何乐而不为呢?

5. 将管理与支持适当结合

在具体工作的实施过程中，管理者既要对员工进行监督指导，也要给他以支持。在实际工作中，领导布置完任务就再也不闻不问的现象并不少见。如果你是老板，在布置工作时对你的员工说:"这个任务就交给你了，我相信你的能力不会让我失望的!"之后就不闻不问了。精神鼓励的效果是达到了，但如果对实施过程中的种种困难、矛盾都不再理会，其后果可想而知。员工可能在一时激动之后又会满腹牢骚，在遇到诸多挫折又没人支持时，下次绝不会再如此卖力。

6. 科学的考核

考核是绩效管理中至关重要的环节，主要基于以下几个原因。

① 考核是管理者对企业日常事务的监控和协调的工具。

② 考核可以使员工保持高昂的斗志、持续的工作热情，同时随时有紧迫感。

③ 考核可以使员工明了自己的工作表现，发现自己在工作中的不足，及时改进，不断学习。

④ 考核结果是实行晋升、加薪、培训、惩罚的依据。

因此，考核必须注意科学合理，制定的指标要有一定的弹性；考核行为要经常化、制度化，使员工自然地接受；考核结果要及时进行反馈，客观公正地为绩效管理服务。

7. 恰当适度的激励

激励是管理的主要功能之一，它贯穿于管理工作的始终，能够使员工充满工作热情，干劲十足。有效的激励应该是公平、及时和全面的，同时，应根据被激励对象的不同特点，采用不同形式的激励。

激励的形式可以有很多种，比如在工作前设定好目标，精神与物质双激励，在工作中适度授权，对员工的成绩和贡献及时表扬、肯定、鼓励，及时兑现给员工的承诺。

8. 持续培训

绩效管理是以发展为导向的，尤其在学习型组织成为企业的主导形态后，培训就更显示出它的重要性。企业想发展，就要拥有优秀的人才。为员工提供培训的机会，不仅可使组织保持竞争优势，增强自身实力，而且可以令员工将个人的发展与组织前途相结合。关注员工个人发展是绩效管理的一大特点。

海尔集团开创了一条独特的用人之道。为强化企业内部基础管理，海尔推出了OEC管理，即"日事日毕，日清日高"（今天的事今天完成；经过清算，今天比昨天有所提高）。OEC管理的指导思想包括以下三个方面。

第一，总账不漏项，事事有人管。海尔将企业内所有事物分成事与物两种，建立总账，然后将总账中的事与物层层细化，落实到各级人员。每个人根据其职责建立工作台账，每人的台账要由上一级主管审核后方能生效。

第二，人人都管事，管事重效果。任何人都要根据台账要求，开展本职范围内的工作。工作中既有压力又有相对自主权，每个人能更好地发挥其主动性和创造性。对生产工人实行3E卡控制［每人（everyone），每天（everyday），每件事（everything）］。

第三，管人凭考核，考核为激励。当管理人员和生产人员对工作自我审核后报上级领导复审时，上级领导按其工作进度、工作质量等内容与标准对比，进行A（优秀员工）、B（合格）、C（试用）分类考核。采取计点到位，一岗一责，一岗一薪的分配形式，根据工作效果考核来计算实得工资。在考核绩效与兑现上，海尔很重视发挥激励的功能，既包括物质方面的，也包括精神方面的，即"人尽其才，事尽其功"。

在绩效管理过程中，成功实施绩效考核是花蕊，以人为本、目标一致、员工参与、有效沟通、科学考核、关爱员工、适度激励、持续培训等都是花瓣，要想保护花蕊，需要花瓣的支持；要想获得持续成功的绩效管理，需要很多方面的支持，如图1-8所示。

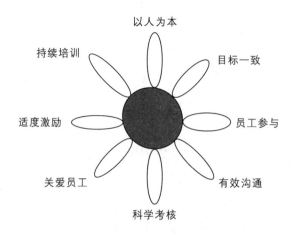

图 1-8 成功实施绩效管理的条件

第二章

制订绩效管理计划

绩效管理是对员工行为和产出的管理，它是一个由绩效计划、绩效辅导与实施、绩效评估、绩效反馈构成的、循环往复的过程。绩效计划是绩效管理的第一个环节。人力资源主管和员工需要在对员工绩效的期望问题上达成共识。在共识的基础上，员工对自己的工作目标做出承诺，主管和员工共同投入和参与是进行绩效管理的基础。在本章，我们将对绩效目标、绩效标准、绩效计划等内容进行介绍，力求使大家对绩效计划有更加透彻的了解。

技能点 1
设定绩效目标

　　目标是制订计划时选择方案的依据，是考核的标准，是控制的导向。在整个管理过程中，目标具有举足轻重的地位。绩效管理目标是绩效管理的起点。将绩效目标做好，就意味着绩效管理已经成功了一半。尽管许多企业在对管理者的宣传中不断地强调绩效目标和绩效计划阶段的重要性，但真正能把绩效目标做好的企业并不多。除了企业设定的计划和目标不规范外，管理者对绩效目标设定方法不熟悉也是重要原因。

1. 绩效目标的设立框架

　　绩效目标的设立，就是管理者和员工就工作目标、应负责任、绩效衡量标准等方面进行讨论，最终达成共识的过程。

　　绩效目标设立应包括绩效目标来源、绩效目标种类、企业战略经营理念，以及一个支撑要素——员工、管理者和组织的参与（见图 2-1）。

　　绩效目标的设立基于企业的战略目标和经营理念，绩效目标不但是基于战略的目标，还受岗位责任和流程目标的影响。

　　绩效目标类别的划分将直接影响到考核标准的设立。

　　绩效目标确定以后，要判定它是否符合要求，是否是一个可考核的绩效目标。

绩效目标的设立应有组织、管理者和员工三方的共同参与作为依托。

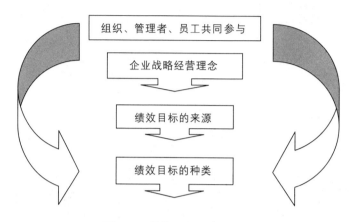

图 2-1 绩效目标的设立框架

2.绩效目标的来源

管理者在设定目标时，一般应根据上级部门的目标，结合本部门的业务重点、策略目标和关键业绩指标，制定出本部门的工作目标。此后，管理者根据不同职位下属应负的责任或关键业绩指标，将部门目标层层分解到各个负责人。因此，每个员工的绩效目标的来源主要有以下三个。

（1）来源于管理者，即部门的绩效目标

让员工的绩效目标出自部门的绩效目标，能保证每个员工努力的方向都是符合企业要求的，企业的战略目标才能得以真正落实。

企业战略目标的落实，往往是按照组织结构，自上而下层层分解的，员工对于落实下来的目标又是自下而上层层承诺的。

（2）来源于岗位职责

岗位职责描述的是一个岗位在整个组织中所扮演的角色，即这个岗位会为组织做出什么样的贡献。岗位职责依附于相对稳定的岗位，所以不易发生变化，除非岗位本身发生什么根本性的变化。

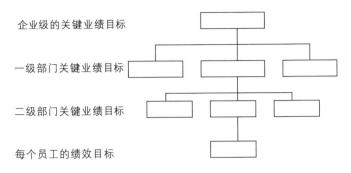

图2-2 企业各级关键业绩目标

绩效目标是有一定时间性和阶段性的，它是对在一定条件下、一定时间范围内要达到的结果的描述。

（3）来源于内外部客户的需求

在给员工设定绩效目标时，一定要兼顾内部和外部顾客的需求，只有这样，设定目标的效果才能实现"1＋1≥2"的效果。

总之，企业在设定绩效目标时，应当将三方面的来源综合考虑，以免制定出的绩效目标挂一漏万。

3. 绩效目标的类型

要设定绩效目标，必须先弄清绩效目标的类型。目标的划分标准可以有很多种，如按目标的层次可分为总目标、次目标和个人目标，按目标的性质可分为定量目标、定性目标，按目标的特点可分为例行目标、例外目标等。现在要介绍的是一种比较常用的划分方法，即按目标的行为和结果划分为行为目标和结果目标。

行为目标是员工在完成目标结果的过程中，行为及工作表现必须达到的标准要求。例如，所有产品的开发过程必须符合公司规定的产品开发流程的要求。

结果目标是要求员工在特定条件下必须取得的阶段性结果。例如，今年年底，要使产品成本降低3%。

4.绩效目标的设定方法和程序

了解了绩效目标的来源和分类后，下一步就要掌握绩效目标的设定方法了。通常使用的方法有传统目标设定和参与式目标设定两种。

（1）传统目标设定方法

传统目标设定方法，即目标由高层管理者制定，然后层层分解为子目标，落实到组织的各个层级上（见图2-3）。

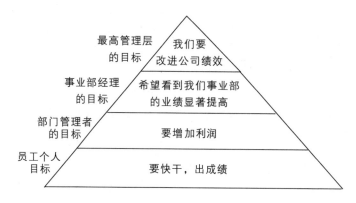

图2-3　各层级目标落实金字塔

传统目标设定方法的特点体现在以下几个方面：

① 传统目标设定是一种单向的过程，只是由上级指定好后下达给下级。

② 这种方法的可操作性并不大，如果最高层管理者只是采取泛泛的语言确定组织目标，那么这些模糊目标在转化为具体目标的过程中，会经过层层传递，最终丧失清晰性和一致性。

（2）参与式目标设定方法

参与式目标的设定方法不同于传统目标设定方法的地方是，它由上级和下级共同设定具体的绩效目标，共同对目标的进展情况进行定期检查，是自上而下再由下而上的反复过程。

管理者不是用目标去控制下属，而是用它来激励下属。如图 2-4 所示，组织整体目标被转化为事业部的目标，再到部门目标，最后到达个人目标。

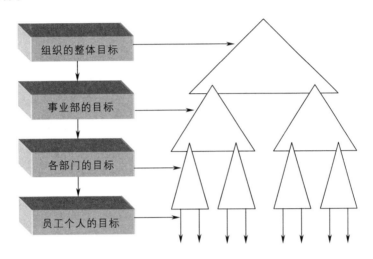

图 2-4　各层级目标转化

因为基层的员工也亲自参与了目标的制定，所以目标的转化既是"自上而下"的过程，又是"自下而上"的过程。每一层的目标都与下一层的目标连接在一起，而且每个员工都有一个具体的个人绩效目标。因此，每个员工对组织做出了什么贡献是显而易见的，当所有员工都实现了各自的目标，则他们所在部门的目标就会实现，组织整体目标最终就会成为现实。

5. 设定目标的四要素

（1）要素一：使用精确的描述性的语言

尽量使用精确的描述性的语言，不要用形容词或副词，因为形容词和副词会因不同人的不同理解而产生不同的含义。

例如，"两日内回答客户的问题"，这个目标是很精确的。"给顾客提供专业的服务"，这个目标的用词就很模糊，什么叫专业，难以量化。

（2）要素二：使用积极的动词

应当用"增加""取得"等积极的动词。不要用那些被动的动词，如问别人了解什么，熟悉什么。然而"了解"和"熟悉"是你不能把握的，没办法进行量化的。

（3）要素三：确保目标说明的准确

例如，"希望你在团队中增加客户满意度意识"。本来客户满意度就是个难以衡量的参数，现在还要设立"增加意识"这样的目标，就更难把握。意识增加多少算增加，增加到什么程度算增加，事实上，这很难衡量。

（4）要素四：采取简单而有意义的衡量标准

不要采用很复杂、很模糊的衡量标准。否则，不仅不便于员工的理解和接受，也不利于管理者的操作和控制。

6. 设计目标时应考虑的四个方面

（1）战略相关性

战略相关性是指工作目标和组织战略目标的相关程度。

（2）目标的缺陷

在设计绩效目标时，一定要考虑是否存在目标的缺陷。如果某企业的绩效目标仅注重某一类目标，而排斥另一些同样重要的目标，就可以说企业的考核体系存在缺陷。

（3）目标的污染

目标不仅存在缺陷，还会被污染。有时一些不能为员工所控制的外部因素会影响员工的工作业绩。

（4）可靠性

可靠性是指一项目标的稳定性或一贯性，或是指个人在一段时间里维持某一工作水平的程度。

小张是北方区的人力资源部经理，他制定了工作的目标。

第一是招聘。这项任务对小张来说并不算重，因为北方区每年对经理岗位的需求量并不大，所以这个任务的权重不应太大。

第二是做员工的培训和发展。小张要对各个部门的经理进行职位和发展培训，这部分的权重要比招聘大一些。

第三是进行员工关系管理，也就是需要了解、沟通北方区500多名员工对公司满不满意，有什么抱怨，满意度和去年比是上升了还是下降了。小张给员工关系管理这一项工作赋予50％的权重，因为它太重要了。

第四是薪酬管理。由于总公司有人专门负责设计所有的薪酬福利制度，小张只是北方区的执行者，所以只给这项工作10％的权重。

针对这四个目标的权重，小张很明确地知道今年重点要做的事情是什么。

表2-1　目标设置表

员工： 部门： 经理：				目标协议期间： 岗位： 工作描述：		
目标设定				绩效结果评估		
关键 目标	达成关键目标 的活动	关键评估 的标准	权重	执行情况 报告	选项	
					比例	得分
1						
2						
					合计	

技能点 2
绩效目标要合理化

企业不是把绩效目标制定出来就可以了，还应当保证目标的可操作性。

如何保证目标的合理可行呢？下面将介绍六大"魔方"和强有力的目标管理。

1. 保证绩效目标合理的六大"魔方"

（1）让员工亲自参与目标制定

传统的绩效目标制定方法是由上级领导一手包办制定员工个人目标，员工只能令行禁止。而绩效管理的最大特点就是让各个层级的员工自己做主，参与目标的制定，表达自己的真实愿望。员工对其参与制定的目标的完成度会比较高，因为在完成目标的同时实现着个人职业生涯规划。

（2）目标协调一致

员工个人目标应服从组织整体目标，并要和组织的战略规划，各层级、各阶段的目标保持协调一致。

（3）目标要明确具体

一方面，具体的绩效目标有更显著的激励效果。比如"一个月内使市场份额增加 3%"和"使市场份额有所提高"两个目标相比，肯定是前者更能激励员工全力以赴。另一方面，由于绩效考核往往将员工的目标作为考核的主要标准，所以如果目标不明确、不具体，考核就不容易把握。

目标的明确应体现在以下四方面。

① 目标的执行者应明确：是独立完成，还是协作完成。

② 目标的标准明确：所期望达到的数量、质量、状态等界限必须清晰。

③ 实现目标的时间限定要明确。

④ 保证实现目标的措施要明确。

表 2-2　绩效目标

可考核的目标	不可考核的目标
1. 在本年末实现利润 20% 2. 产品抽查不合格率低于 5% 3. 在不增加费用仍保持现有质量的前提下，本季度生产率比上季度增长 15% 4. 由于技术问题导致网络中断的次数，每季度不得超过 1 次，每次能在 1 个小时内恢复正常 5. 主管每周与下属沟通的时间不得少于 3 个小时	1. 获得较高的利润 2. 维持电脑网络系统的稳定性 3. 主管人员增加与下属的沟通 4. 保证产品的质量 5. 提高生产部门的生产率

（4）目标要先进可行

建立的员工目标应当是既有先进性，又有可行性的。先进性就是设定的目标水平高，富有挑战性，能对员工产生强大的激励作用。可行性是指以当前现有的实现目标的方式、手段、途径为基础设定的目标是可行的，通过努力，目标是可以实现的。

（5）目标要有灵活性

目标是对未来的预期，在实现目标的过程中，通常会存在一些不确定性因素，例如国家政策变化、自然灾害、经济波动等，所以，合理的目标应随着环境的变化随时做出相应的修正。但是目标的灵活性并不意味着目标可以随意地、不受限制地更改。

（6）目标要有易考核性

绩效目标不仅要帮助管理者进行员工的绩效管理，还要使员工能够通过它衡量自身的努力程度、能力水平、潜能等，以便更准确地进行自我定位，随时改进工作方法，调整个人的职业生涯规划。

2. 目标管理的基本程序

（1）目标的设定

第一步：预定目标。这是暂时的、可以改变的。预定目标既可以由上级提出，再同下级商讨；也可以由下级提出，报上级批准。但不管怎样，目标必须由上级和下级共同商量确定。

第二步：重新进行职责分工和组织结构审议。目标管理要求每个目标都有明确的责任主体，因此在目标设定之后，要重新审视调整现有的组织结构。

第三步：确定下级的目标。上级首先要明确组织的规划和目标；在讨论中要尊重下级，耐心听取下级的意见，帮助下级建立与组织目标一致的个人分目标。分目标要具体、量化、便于衡量；要分清轻重缓急；要有挑战性，要有可行性。

第四步：上级和下级就实现目标所需的条件和目标实现后的奖惩达成协议。要赋予下属相应的资源配置权利，实现权、责、利的统一。

（2）实现目标过程的管理

虽然目标管理强调的是结果，是自主、自治、自觉，但并不意味着管理者可以放手不管。相反，正是由于形成了目标体系，一环失误就会牵动全局，因此管理者对目标实施过程的控制是必不可少的。首先，可利用双方接触的机会和信息反馈渠道进行定期检查；其次，要将进度向下级通报；最后，要帮助下级解决工作中出现的问题，当出现严重影响组织目标实现的事件时，管理者可以通过一定程序修改原有的目标。

（3）总结和评估

首先由下级进行自我评估，提交报告；然后由上级和下级共同评估目标的完成情况，决定奖惩；同时就下一阶段的目标进行讨论，开始新的循环。

（4）对目标管理检视

为了确保目标管理能发挥它应有的作用，应按以下标准认真进行检视。

① 目标是否体现了工作的主要特征？

② 目标是否太多？能否进行合并？

③ 在完成目标后，能否判断自己的目标是否实现？

④ 目标是否明确？

⑤ 目标是否既有挑战性又很合理？

⑥ 目标中是否包括目标的改进和员工个人发展目标？

⑦ 员工个人目标是否与组织目标保持一致，且与其他人的目标不发生矛盾？

⑧ 是否与需要了解该目标的人员进行了讨论和沟通？

⑨ 是否有短期目标？

⑩ 设立目标时的基本假设是否明确？

⑪ 能否在实施目标管理的过程中及时反馈并采取纠正措施？

⑫ 目标是否以书面形式清楚地表达了？

> 注意：如果员工的目标没有完成，管理者应帮助分析原因，总结教训，切忌相互指责，以保持相互信任的气氛。

⑬ 是否具备了实现目标的资源和权限？

⑭ 员工是否有机会提出他们的意见和建议？

⑮ 下属对分配给他们的职责是否有能力控制？

一位分公司的 A 经理在听了一个关于目标管理的讲座后，被激起的热情比他对目标管理的热情增长得还快。最后他决定在下次会议上介绍这个概念并想看看能够取得多大进展。

他详细地将这种方法的理论进行了阐述，引证了许多在他们分公司应用所能取得的成效，并建议下属们考虑采纳这种方法。

然而这并不像想象的那么简单。在下次的会议上，许多问题被提出来了。

财务经理想知道："总裁是否给你分配了分公司明年的目标？"

"不，还没有。"分公司经理回答，"我一直都在等着公司通知我该做什么，但他们好像和这件事一点关系都没有。"

生产经理问道："那分公司要做什么？"他对此很茫然。

"我想说说我对分公司的期望，"A 经理说，"我希望达到 2800 万美元的年销售额，税前销售利润率达到 8%，投资回报率达到 15%，一个正在建设的项目 9 月 30 日投产。另外，裁员率稳定在 3%。"

大家对 A 经理这么明确地提出这些可检验的目标感到惊讶，更对他实现目标的决心感到惊讶。

"我希望你们每个人下个月内都把这些目标变成你们自己可检验的目标。由于财务、营销、生产等的目标会有所不同，所以你们可以自己规定它们。我希望这些目标最终合起来就是分公司目标的实现。"

分析

其实，目标是行动的指南，确定可检验的目标对员工有激励和约束的双重作用。但可检验性并不是衡量目标的唯一标准，分公司要结合自身的实际能力，配合总公司的总体规划。分公司经理在制定目标时，要先充分了解总公司的发展规划，再与下属共同讨论公司的计划来确定目标，这样的目标才能具有可行性并得到认同。

而 A 经理却没有做到充分了解总公司的发展计划，没做到与下属共同讨论公司计划来确定目标，而是单凭个人主观的臆想来下达工作目标，这种目标会使下属不明确到底该怎么做。所以他的目标就不具有可行性，也不会得到下属的认可。

不同层次目标的制定，员工参与的可能和程度各有不同，但制定员工的个人目标一定要充分考虑员工的发展意愿。现在很多企业中的员工只是被动地接受上级的安排，积极性和创造性都不可能得到有效发挥，目标管理难见成效。

技能点 3
建立 KPI 体系

> 不同时期管理者的关注重点会有所不同，必须通过绩效指标的调整，引导员工将注意力集中于企业当时的经营重点。

KPI（key performance indicators）即关键绩效指标，它是衡量企业战略实施效果的关键指标，为的是建立起一种机制，以便将企业战略转化为内部过程和活动，使企业的核心竞争力不断增强，并能持续地取得高效益；同时，它还使考核体系不仅是激励约束手段，更是战略实施的工具。

1. 建立以战略为导向的企业 KPI 体系的优越性

这一优越性体现在以下三个方面。

① 使 KPI 体系不仅仅是员工行为的激励约束机制，更是能发挥战略导向牵引作用的手段。

② 通过员工个人目标与企业战略的契合，使 KPI 体系能有效地传播企业战略，成为企业战略的实施工具。

③ KPI 体系是对传统考核理念的创新，它在评价员工行为时，强调战略在绩效考核中的核心作用。

现将以战略为导向的 KPI 体系与传统的一般考核体系的区别在表 2-3 中加以说明。

表 2-3 考核体系对比

项目	考核体系	
	一般的绩效考核体系	战略导向的 KPI 体系
假设前提	假设人们不会主动采取实现目标的行动；假设人们不知道采取什么行动来实现目标；假设制定与实施战略和普通员工无关	假设人们为实现目标会采取一切必要的行动
考核目的	以控制为中心，指标体系的设计与运用均来源于控制的意图，包括能更有效地控制员工行为	以战略为中心，指标体系的设计和运用都是为战略服务的
指标产生	通常是自上而下根据以往自己的绩效表现和目标产生的	在组织内部是自上而下对组织战略目标层层分解而产生的
指标来源	来源于特定的程序，即对过去的绩效行为和结果的修正	来源于组织的战略目标和竞争的需要
指标的构成及作用	以财务指标为主，非财务指标为辅，注重评价过去的绩效，而且指导绩效改进的出发点是过去绩效存在的问题，绩效改进与战略脱钩	将财务指标和非财务指标相结合，遵循注重短期效益、兼顾长期发展的原则；指标本身不只传达了结果，而且传递了产生结果的过程
收入分配体系与战略的关系	与组织整体战略相关度不高，但与个人绩效好坏密切相关	与 KPI 的值搭配，有助于推进组织战略的实施

2. 建立 KPI 体系的导向

要建立明确的 KPI 体系，首先要回答以下问题。

① 企业的战略是什么？

② 企业要成功的关键因素是什么？

③ 什么是关键绩效？

④ 如何将绩效考核的基本矛盾处理好？

⑤ 究竟重于考核过程还是考核结果？

⑥ 应当建立什么样的运营机制？

⑦ 如何协调与控制收益增长和潜力增长、突出重点和均衡发展、定性考核和定量考核之间的关系？

回答以上问题后，接下来就要进行 KPI 的分解了。一般可以有两条主线：按组织结构分解，即目标 – 手段法；按主要流程分解，即目标 – 责任法（见图 2-5）。

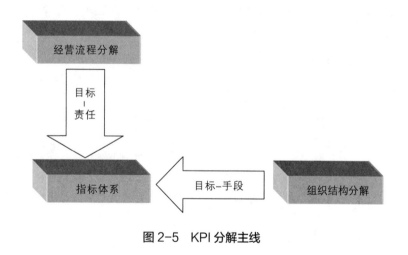

图 2-5　KPI 分解主线

基于这两条主线，通常有三种方式建立 KPI 体系，下面将一一介绍。

3. 依据部门承担责任的不同来建立 KPI 体系

依据部门承担责任的不同来建立 KPI 体系的方式，强调的是部门从自身承担的责任的角度，对企业的战略目标进行分解，进而形成评价指标。这种方式最大的优点是突出了部门的参与，但有可能导致战略稀释的现象，即指标可能更多地体现部门管理的责任，反而忽略了对流程责任的体现。

表 2-4　各部门 KPI 指标

部门	侧重的指标	指标名称
市场部	市场份额	市场竞争比率、销售增长率、品牌认识度、销售目标完成率
	客户服务	投诉处理及时率、客户档案完整率、客户回访率、客户流失率
	经营安全	货款回收率、成品周转率、销售费用投入产出比
生产部	成本	生产效率、原料损耗率、设备利用率
	质量	成品一次合格率
	经营安全	原料周转率、在制品周转率、备用品周转率
技术部	成本	设计损失率
	质量	设计错误再发生率、第一次完成到投产前修改的次数、项目及时完成率
	竞争	在竞争对手之前推出新产品的数量、在竞争对手之前推出的新产品的销量
采购部	成本	原料库存周转率、采购价格指数
	质量	供应商交货一次合格率、采购成功率
人力资源部	经营安全	人员需求达成率、培训计划完成率、培训覆盖率、员工自然流失率
……	……	……

4. 依据职类职种的不同工作性质来建立 KPI 体系

由图 2-6 和表 2-5 可看出，基于职类职种划分而建立的 KPI 体系，突出了对组织具体策略目标的响应。各专业职种按照组织制定的每一项工作目标，都提出了本专业的响应措施。但这种指标设置方式增加了部门管理的难度，可能会出现对部门管理责任忽视的现象，而且依据工作性质确定的 KPI 体系更多是结果性指标，缺乏对过程的描述。

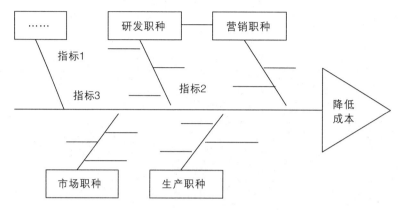

图 2-6　基于职类职种划分建立的 KPI 体系

表 2-5　各职类职种指标

职类	职种	职种定义	指标名称
管理服务类	财务	负责资产的计划、使用、管理和评估，为企业财务系统的安全运营和效益承担责任	预算费用控制、支出审核失误率、资金调度达成率
	人力资源开发	依据战略需求，保证人才供给，优化人才结构，提高员工综合素质，对人力资源系统的有效运营承担责任	人员需求达成率、培训计划达成率、员工自然流失率、核心人才流失率
市场类	营销支持	为营销活动及时有效地提供支持和服务，为企业产品和服务品牌的认知度、忠诚度、美誉度负责	品牌认知度、市场占有率、投诉处理率、客户流失率
	营销	产品市场拓展和商务处理工作，及时满足客户要求，对产品市场占有率负责	销售增长率、销售目标达成率、销售费用投入产出比、货款回收及时完成率
	采购	保证原料的供应，对原料质量和及时有效供应负责	采购价格指数、采购任务达成率、供应商一次交货合格率

（续表）

职类	职种	职种定义	指标名称
技术类	工艺技术	进行原料储存、生产工艺的技术支持工作，保证生产工艺准确实施，对生产的高效运行负责	技术服务满意率、设计及时完成率、生产设备技术故障停台时数
	研发	从事产品和相关技术的开发和创新工作，对产品和技术在行业中确立优势地位负责	设计损失率、第一次设计完成到投产修改次数、单项目及时完成率
……	……	……	……

5. 依据平衡计分卡来建立 KPI 体系

平衡计分卡的核心思想是通过客户、财务、学习与成长、内部运营四个方面指标之间相互驱动的因果关系，来实现绩效考核—绩效改进及战略实施—战略修正的目标。一方面，通过财务指标来持续关注组织短期业绩；另一方面，通过信息技术的应用、产品和服务的创新，以及员工学习等来提高客户的满意度，共同驱动组织未来的绩效和战略（见图 2-7）。

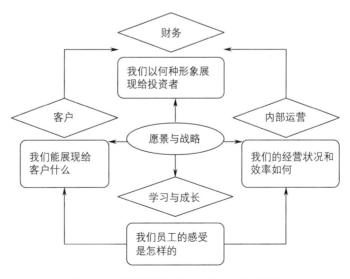

图 2-7　依据平衡计分卡来建立 KPI 体系

依据平衡计分卡建立起来的 KPI 体系（见表 2-6）能兼顾对过程和结果的关注。

表 2-6　平衡计分卡建立起来的 KPI 体系

指标类别	侧重的指标	指标名称
财务	财务效益状况	总资产报酬率、销售营业利润率、净资产收益率、成本费用利润率、资本保值增值率
	资产运营状况	总资产周转率、存货周转率、流动资产周转率、应收账款周转率
	偿债能力状况	流动率、速动率、资产负债率、长期资产适合率
	发展能力状况	资本积累率、总资产增长率、销售营业增长率、三年平均利润增长率、固定资产成新率
客户	价格	价格变动率
	服务	客户满意度、客户档案完整率、促销效益比率
	品牌状况	产品上架率、投诉及时处理率、货款回收率、销售收入完成率、相对市场占有率
内部运营	质量	原辅料采购计划完成率、原料质量一次合格率、正品率、工艺达标率
	成本	采购价格综合指数、原辅料损耗率、单位成品原辅料成本
	效率	配送及时率、设备有效作业率、产品供货周期
学习与成长	学习	培训覆盖率、人才适配度、核心人才流失率
	成长	产品创新度、技术和产品储备度

当我们把 KPI 体系建立起来后，会发现指标很多，且指标涵盖的范围也比较广，管理者根本不可能直接对这么多指标进行监控。因此，我们需要对 KPI 体系进一步分析和选择，确定企业当前最需要重点关注的关键业绩指标（见图 2-8）。

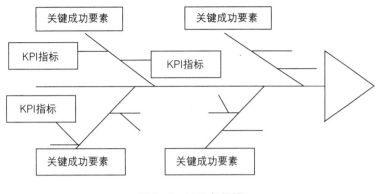

图 2-8　KPI 鱼骨图

　　KPI 体系是用于评估和管理被评估者绩效的定量化、行为化的、以战略为导向的标准体系。它对组织目标会产生增值作用，它还是进行绩效沟通的基石，是连接个人绩效与组织目标的一道桥梁。

技能点 4
正确理解绩效计划

计划是行动的先导，没有绩效计划，大家工作起来就会东走西顾，不得要领。我们可以从两方面来理解绩效计划。一方面是把"计划"理解为一个名词，那么绩效计划就是一个关于工作目标和衡量标准的契约；另一方面是把"计划"看成一个动词，那么绩效计划就是管理者与员工共同沟通和讨论，最后对员工的工作目标和标准达成一致意见，形成契约的过程。

1. 对绩效计划存在的误解

误解一：做计划就是在浪费时间。其实做计划不是在浪费时间，而是在节省时间，提高效率。

误解二：做计划可以消除变化。做计划不能消除变化，无论主管如何计划，变化总是要发生的。制订计划是为了预测变化，采取有效的应变措施。

误解三：做计划会降低灵活性。计划应当是一种持续进行的活动，有的计划可以做得非常灵活。

2. 运筹帷幄，决胜千里

"世界上最蹩脚的建筑师从一开始就比最灵巧的蜜蜂高明的地方，

是他在用蜂蜡建筑蜂房以前，已经在自己的头脑中把它建成了。"其实，把房屋在头脑中建成的过程就是计划的过程，计划在有形无形中指导着我们的日常生活。

计划由于所处的层次不同，可分为组织计划、团队计划、员工个人计划。计划在不同层次上的表现形式也大不相同，有宗旨、目标、战略和策略、政策、程序、规则、规划和预算等。

美国加利福尼亚大学的教授哈罗德·孔茨是这样阐述计划的："计划是从我们现在所处的位置到达预期目标之间的一座桥梁。它把我们所处的此岸和我们要去的彼岸连接起来，以克服这一天堑。有了这座桥，本来不会发生的事，现在就可能会发生了。虽然我们很少能准确地预测未来，虽然那些超出了我们控制能力的因素可能干扰最佳计划的产生，但是除非我们搞计划，否则就完全听凭自然了。"

3. 绩效计划是关于工作目标和衡量标准的契约

有人认为，绩效考核是绩效管理中最重要的环节。那么，如果在进行绩效考核时，不知道考核的依据是什么，不知道什么是好的绩效，什么是坏的绩效，绩效考核的结果会怎样？

在绩效管理循环开始时，管理者和员工要对工作目标和标准达成一致的契约。与员工的契约中应至少包括以下几个方面。

① 员工在本次绩效期内要达到的工作目标。

② 达成目标的结果。

③ 应从哪些方面去衡量这些结果，衡量的标准是什么。

④ 关于员工工作结果的信息从何处获得。

⑤ 员工各项工作目标的权重。

4. 绩效计划是一个双向沟通的过程

绩效计划不能只是纸上的契约，如何达成这个契约是很重要的。建立契约的过程是一个双向沟通的过程，即管理者和员工在这个过程中都负有责任。建立绩效契约不仅仅是管理者对员工工作的要求。

在这个双向沟通的过程中，管理者应向员工解释和说明以下内容：

① 组织的整体目标是什么？

② 为了完成组织整体目标，我们部门的目标是什么？

③ 为了达到目标，对员工有什么期望？

④ 对员工完成工作的时限和衡量标准应如何制定？

员工要向管理者表达的是：

① 自己对工作目标和如何完成工作的认识。

② 自己对工作的疑惑和不解之处。

③ 自己对工作的计划和打算。

④ 完成工作所需的资源及可能遇到的问题。

5. 参与和承诺是制订绩效计划的前提

在制订绩效计划时，要充分体现员工参与，并要使实施者做出正式的承诺。为什么要如此呢？

社会心理学家指出，当人们亲身参与制定了某项决策时，他们一般会倾向支持的立场，并且即便在外部力量干预下，也不会轻易改变立场。有研究表明，人们是否坚持某种态度取决于两种因素：一是他在形成这种态度时参与的程度，二是他是否公开表态。例如，如果你的朋友买一件衣服时你参与了意见，当别人说这件衣服不好看时，你会尽可能地维护。

绩效计划的主要目的就是要让组织中不同层次员工对组织目标达成一致，使大家朝着一个共同的目标努力。所以，管理者和员工能否就绩效计划问题达成一致是绩效计划制订成功与否的关键所在。

技能点 5
制订绩效计划

制订绩效计划既要通观全局，又要见微知著。在制订绩效计划时，为了保证计划科学合理并具有可操作性，我们就应当按照既定的程序进行。

1. 绩效计划的类型

绩效计划的类型如表 2-7 所示。

表 2-7　绩效计划的类型

分类原则	计划种类
按计划的时间界限分	长期、中期、短期计划
按计划制订者的层次分	战略性计划、作业性计划
按计划的明确性划分	具体性计划、指导性计划

2. 制订绩效计划的原则

（1）参与原则

让员工参与，才能保证个人目标和组织目标一致。管理者已经不同程度地参与了计划的制订，如果给他们更多的参与机会和自主权，他们的工作成效会截然不同；而对于普通员工，这种参与就更为重要了，长期无意中被压抑和漠视的创造力一旦被发掘，将会成为组织最宝贵的动力源泉。

将员工分成四组进行下面的试验，看看会得到什么结论。

第一组：被试者只需要做出自己的判断，不用通过任何方式将自己的判断表达出来，这组被称为"无承诺组"。

第二组：要求被试者把自己的意见写在一块写字板上，这种写字板上有一层透明纸，揭下来后写在上面的字就会消失，这组被称为"弱私下承诺组"。

第三组：要求被试者把自己的意见写在一张纸上，并告知其这张纸要被收上去，但他们不必签名，这组被称为"强私下承诺组"。

第四组：要求被试者将自己的意见写在一张纸上，并签上名字，而且让他们知道这张纸要被收上去，这组被称为"公开承诺组"。

然后让一些事先安排好的假被试者发表一致的意见，再由这些真正的被试者发表意见，看看会出现什么结果。

这是社会心理学家多依奇和杰勒德做的一个非常著名的试验。他们得到的结果表明，不同情况下的被试者屈服于群体压力而改变自己最初看法的情况如表 2-8 所示。

表 2-8　改变最初意见的百分比

被试组	改变最初意见的百分比
无承诺组	24.7%
弱私下承诺组	16.3%
强私下承诺组	5.7%
公开承诺组	5.7%

这说明，在绩效计划阶段，让员工参与计划的制订，使其感到自己

对绩效计划的内容做了很强的公开承诺，这样他们会更倾向于坚持这些承诺，履行自己的绩效计划。

（2）系统性原则

员工各层次计划的安排、不同期限的计划安排，都要贯彻系统的思想。个人计划必须服从总体计划，脱离总目标的做法是不可取的。

（3）限制因素原则

人们越早、越准确地识别并解决那些妨碍既定目标实现的限制因素，就越容易选定适合的方案以实现组织的目标。限制因素是根据"木桶原理"提出的，即木桶能盛多少水，取决于桶壁上最短的那块木板。所以在制订绩效计划时，各个层次的员工要充分考虑自己的知识能力、精力、可支配的资源、可获得的支持等各种因素，找出自己最短的那块"木板"，量力而行。

（4）承诺原则

任何计划都是对完成工作所做出的承诺，承诺得越多，计划期限就越长，实现承诺的可能性就越小。计划应当反映当前决策对未来的影响，而不是对未来的决策。

（5）灵活性原则

计划的灵活性越大，由于未来意外事件而引起损失的危险性就越小。但是，计划具有灵活性是要付出代价的，因此，要把付出的灵活性成本与它所带来的好处相权衡。

计划的灵活性通常体现在两个方面。

一是在制订计划时要留有余地。要使计划兼具先进性和科学性，将"量力"和"尽力"结合起来。同时，计划中的标准不能定得过高，要给执行者留有超额完成计划的可能性，这样能大大激发执行者的工作积极性；在进行资源配置时，要留有一定的后备，以备不时之需。

二是制订计划要有较大的弹性，并有应对紧急情况的处理方案。

（6）导向变化原则

计划是不可能面面俱到的，环境在不断变化，"计划赶不上变化"，所以要定期进行检查和调整，修正计划。

一场战役如果没有统帅运筹帷幄的战略、参谋灵活应变的战术、士兵冲锋陷阵的英勇，是不可能克敌制胜的。所以，组织计划、团队计划、员工计划是相辅相成的，都小视不得。对计划正确的理解，会推进绩效管理工作的顺利进行，为实现组织战略目标奠定基础。

3. 制订绩效计划的五要素

绩效计划不同于一般管理工作的计划，它是组织计划和个人计划的协调。制订绩效计划包括五个要素：传达组织和团队计划、制定和完善员工的个人职业生涯规划、重新设计工作、制定员工绩效目标、选择实施方案。这五个要素缺一不可，其相互关系可由图2-9来说明。

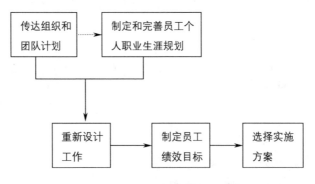

图2-9　制订绩效计划的五要素

（1）传达组织和团队的计划

绩效计划是分解组织计划和团队计划，融入员工个人意识和能动性的过程。

① 组织和团队计划的制订。

管理者无论在制订什么层次的计划时，都应尽量听取下属的意见，给下属充分参与的机会，为计划的顺利实施奠定基础。

② 组织和团队计划的传达。

计划可以通过板报、广播、正式文件、内部网络等形式来传达，也可以由各级管理者与员工直接沟通来实现信息共享。

③ 取得员工的认同。

管理层在制订计划过程中已经实现了管理者的参与，并达成了共识，关键是如何使普通员工将组织目标作为自己的行动纲领。

（2）制定和完善员工个人的职业生涯规划

职业生涯是一个人在其工作、生活中经历的一系列职位及相关的价值观和工作态度的变化过程的总称。对还没有明确职业生涯规划的员工，管理者应帮助他以组织计划为依据来制订。对深谋远虑的员工，管理者应根据组织规划的新设想和憧憬，对其原有的职业生涯规划进行修改和完善。

（3）重新设计工作

工作设计是为了有效地实现组织的目标，合理地处理人与事的关系而采取与满足个人需要相关的工作内容、工作职责设计。不仅仅新建企业需要工作设计，现有企业也可能由于组织目标、任务和体制的变化而需要重新设计。有的员工可能身兼数职，所以工作设计要对员工工作的内容加以具体的界定。此外，工作设计还包括原有职务说明改变而进行的重新设计。

IBM 公司创始人沃森先生有一次看到一个操作工在机器旁无所事事，便问她为什么不工作。那位女工回答道：“我在等安装工调试工具，设定新的运作程序。”“难道你自己不能做吗？”沃森先生问道。“当然可以，但那不是我该做的事情！"女工回答。沃森先生发现每个操作工每周都要花好几个小时等安装工。然而，只要额外花上几天的时间培训，就能使操作工学会安装自己的机器。此后，操作工的工作增加了"安装机器"这一项。这扩大了操作工的工作范围，产生了令人出乎意料的结果，产量增加，质量改进，公司业绩持续增长，更重要的收获就是操作工对他所从事的工作非常自豪。

以上就是一个工作设计的过程。工作设计的目的是为了有效达到企业目标。

（4）制定员工个人绩效目标

如果一个人不知道他寻找的是哪一个港湾，那么就无所谓方向。如果没有目标，我们的计划就会失败。员工和上级管理者共同对员工工作进行确认和修改后，就要着手制定绩效目标了。

（5）选择实施方案

确定了绩效目标，解决了"到哪儿去"的问题，"怎么去"的问题就要靠制定和选择方案了。制定和选择方案要由管理者和员工共同协商确定，员工参与可以用其所长，克其所短，同时要遵循以下三个规范。

① 方案应以绩效目标为导向，不能为展示个人所长而故弄玄虚。

② 方案要有灵活性，应根据不同环境的变化制定应急措施。

③ 方案要有可操作性，应保证制订的计划在计划期内，在现有的客观条件下可以实施。

4. 准备必要的信息

绩效计划通常是通过管理者与员工双向沟通会议得出的，为了让会议取得预期的效果，我们要事先将相应的信息准备好。

这些信息一般可以分成三类。

（1）关于组织的信息

在进行绩效计划会议之前，管理者和员工都要回顾组织的目标，保证双方都已对组织计划很熟悉，使员工的绩效计划能与组织的计划结合在一起。有人说，组织的整体信息只要高层管理者知道就行了，但其实，员工对组织的发展战略和经营计划了解得越多，就越能在自己的工作中保持正确的方向。

（2）关于团队的信息

组织的整体计划目标要层层分解成每个团队的计划和目标。不仅经营性的指标可以分解到生产、销售等部门，而且，那些支持性部门，如人力资源管理部等，其工作目标也与整体组织的经营计划紧密相连。

（3）关于员工个人的信息

一是工作描述的信息。它规定了员工主要的工作职责，以此制订出的工作计划可以保证将员工的工作目标和职位的要求相连。

二是上一个绩效期的评价结果。员工在每个绩效期间的计划和目标通常是连续或相关的，因此在制订本绩效期的计划时，对上一绩效期的回顾是很必要的。同时，也可以对上一绩效期内存在的问题和有待改进的方面加以提示。

技能点 6
进行绩效计划沟通

进行绩效计划沟通应注意沟通的方式、沟通的环境和氛围、沟通的原则和沟通的过程几个方面。

1. 确定绩效计划的沟通方式

确定采取什么样的方式对绩效计划的内容达成共识，要考虑不同的环境因素，如企业文化、员工特点，以及要达成的工作计划和目标特点等。

为了达成组织计划，使员工个人的绩效和能力得到提高，管理者就要在最初计划沟通时，让员工了解绩效管理的目的。那么，在第一次进行绩效计划沟通时要让员工了解什么呢？

① 绩效管理的主要目的是什么？

② 绩效管理对员工有什么好处？

③ 公司采取的宗旨和方法是什么？

④ 公司进行绩效管理的流程是什么？

同时，员工也应知道在计划会议中的一些信息，比如：

① 什么工作是要在计划会议上完成的？

② 管理者会向员工提供什么？

③ 员工自己要提供什么信息?

④ 计划会议上要做出什么决策? 要达成什么结果?

⑤ 员工要做什么样的准备?

在绩效计划会议上,要力求让员工和管理者对绩效管理目标达成共识,为后面各环节的成功操作奠定基础。

2. 准备好沟通的环境和氛围

管理者和员工应腾出一个专门的时间用于绩效沟通,双方在这段时间内都应该将手中工作放下来,以便更专心地做这件事情。

沟通通常是在管理者的办公室中进行的,最好注意尽量避免不必要的打扰。因为意外的打扰会使双方的思路中断,如果经常重复"我们刚才说到哪里了"之类的问题,会严重影响沟通的效果。

沟通的气氛要尽量轻松,不要给员工太大的压力。

3. 沟通的原则

第一,管理者和员工应以相对平等的关系进行沟通。

第二,管理者应该承认员工是自己工作领域的专家,因此更多地发挥员工的主动性,更多地听取员工的意见。

第三,管理者应与员工一起做决定,而不是代替员工做决定,员工参与的程度越深,绩效管理就越容易成功。

4. 沟通的过程

第一步:回顾有关的信息。

第二步:确定关键绩效指标。

第三步:讨论管理者能给员工提供什么帮助。

第四步:结束沟通。在绩效计划沟通结束时,应对员工进行审定,并能通过审定看到以下的结果：

　　① 员工工作目标与公司的目标密切相关。

　　② 员工的工作描述已根据环境的变化进行了修改。

　　③ 管理者和员工对标准、权限、人物等达成了共识。

　　④ 形成了一个经双方协商的文件。

第三章

构建绩效考核标准

中国有句俗语："没有规矩，不成方圆。"这句话告诉我们，无论做任何事情，都必须遵照一定的标准，否则只会导致失败。

员工绩效考核也是如此，如果缺乏相应的考核标准，将会陷入困境。

许多管理者把考核的理念引入了自己的管理，然而，在进行绩效考核时，却常常与员工发生争执，这是最糟糕的事情。原因不在于考核的理念，而在于管理者有没有恰当地制定考核的标准。

所以，完善的考核体系，离不开严格、明确的考核标准。

技能点 1
确定考核要素

考核要素是考核对象的基本单位，是对被考核者在工作中的各项要求。制定绩效考核标准，首先就要找出考核要素。

下面介绍几种寻找考核要素的方法。

1. 工作分析法

工作分析法是采用科学的方法收集各种信息，并通过分析与综合所收集的信息找出主要考核要素的方法。工作分析法的实质就是从不同员工的职业生涯和职业活动调查入手，依次分析员工职务、职位、职责等，并由此确定工作的性质要求和任职条件。

工作分析法的主要内容有两个方面：

一是对员工职务进行说明，包括不同种类员工的工作性质、职务、责任，进行工作需要的各种资料、工作环境、社会环境、与其他工作的关联程度等。

二是对人员的要求，包括完成工作应具备的智力、专业知识、工作经验、技能要求等。

在工作分析法中，最重要的是分析从事某一职位的员工应具备哪些技能，履行职责时应以什么指标来评价，同时要提出这些能力和条件在评价中哪些更重要，哪些相对不那么重要。

2. 个案研究法

个案研究法是指对某一个体、群体或某一个组织在较长时间里进行连续调查研究，并从典型的个案中推导出普遍规律的方法。应根据测评的目的、对象，选择若干有代表性的典型人物和事件作为调研的对象，通过对他们的系统观察、访谈来分析确定考核的要素。

较常用的个案研究法有两大类。

一是典型人物（事件）研究，即以典型人物的工作情况、行为表现、工作业绩为直接对象，通过对他们的系统观察、分析研究来总结归纳他们所代表的群体的考核要素。

二是资料研究，即以表现典型人物或事件的文字材料为研究对象，通过对资料的总结对比分析，归纳出考核要素。例如，日本人从《孙子兵法》中提炼出现代企业领导者应具备的智、信、仁、勇、严五种素质。

① 智：领导者要能聪明而有智慧地对事情做出准确的判断和及时合理的决定。

② 信：领导者要信任下属，并能获得部下的信任。

③ 仁：要把下属的事情放在心上。

④ 勇：有勇气，处事果断。

⑤ 严：遵纪守法，赏罚分明。

3. 问卷调查法

问卷调查法是设计者根据需要，把要调查的内容设计在一张调查表上，写好填表说明和要求，发给有关人员填写，以收集不同人员意见的方法。

要让被调查者能自行进行答案的选择，因此，调查的问题应设计得直观、易懂，调查项目不能过多，要尽量减少被调查者的回答时间，以免降低调查表的回收率和质量。

> 问卷调查表的设计应简单明了，表达正确，调查问题的数目不宜过多。

问卷调查法所设计的问卷按答案的形式可以分为开放式问卷和封闭式问卷。开放式问卷并没有标准答案，被调查者可以按照自己的意愿自由回答。例如，你认为该岗位的员工应具备的最重要的能力是什么？你认为对该岗位的员工来说出勤重要吗？

封闭式问卷可分为是非法、选择法、计分法、排列法。

① 是非法：问卷列出若干问题，由被调查者做出"是"或"否"的回答。

② 选择法：被调查者必须从两种并列的假设中选出一项。

③ 计分法：问卷列出几个等级分数，要求被调查者进行判断选择。

④ 排列法：被调查者要把多种可供选择的方案按重要性排出名次。

4. 专题访谈法

专题访谈法是通过面对面的谈话及口头沟通直接获取有用信息的方法。

研究者通过汇总访谈得到的资料，可以获取很多宝贵的信息。专题访谈法有个别访谈法和群体访谈法两种。这两种方法各有优势，个别访谈法形式轻松、活跃，可以快速获取信息；群体访谈法以座谈会的形式进行，可以集思广益，有利于部门的团结。

5. 经验总结法

经验总结法是专家通过总结经验，提炼出规律性研究因素的方法，一般可以分为个人总结法和集体总结法。

个人总结法是请人力资源专家或由人力资源部的员工回顾过去的工作情况，通过分析最成功或最不成功的决策案例来总结经验，并以此为基础设计出考核员工业绩的要素。

集体总结法是请若干名人力资源专家或企业内各有关部门的管理者，集体回顾过去的工作情况，分析表现优秀员工和表现较差员工之间的差异，列出需长期考核的常用指标，并以此为基础提出考核要素。

表 3-1　绩效考核方法汇总

绩效方法	说明
工作分析法	从不同员工的职业生涯和职业活动调查入手，依次分析员工职务、职位、职责等，并由此确定工作的性质要求和任职条件
个案研究法	专家通过总结经验，提炼出规律性的研究因素
问卷调查法	设计者根据需要，把要调查的内容设计在一张调查表上，写好填表说明和要求，发给有关人员填写，以收集不同人员的意见
专题访谈法	通过面对面的谈话及口头沟通直接获取有用信息
经验总结法	对某一个体、群体或某一个组织在较长时间里进行连续的调查研究，并从典型的个案中推导出普遍规律

技能点 2
设计绩效考核标准

　　考核的标准犹如一把标尺，只有使用这把"标尺"，管理者才能对员工的工作表现进行明确的反映和评价。通常"标尺"的设计应从考核要素、考核标志、考核标度三方面着手，这三者的关系为：绩效考核标准 = 考核要素 + 考核标志 + 考核标度。

1. 考核要素

　　考核要素是对被考核者在工作中的各项要求，一般可以通过工作分析法、问卷调查法、个案分析法、专题访谈法、经验总结法来确定。

2. 考核标志

　　考核标志指的是揭示考核要素的关键特征。考核标志从不同角度有不同的分类方式。

　　以考核标志揭示的内涵来分，有客观形式、主观形式、半客观半主观形式三种。例如，产品合格率、次品率等都属于客观指标；工作重要性、员工工作积极性等就属于主观指标；而试验中确定的工作平均时间等就是半客观半主观的标准，因为这些指标反映的内容和结果，既受客观因素影响，又受主观因素影响。

从考核标志的表现形式看,可分为评语短句式、设问提示式和方向指示式。

(1)评语短句式

评语短句式考核标志,即对所考核的要素做出优劣、是非、大小、高低等评论与判断的指标。所用的句子主要是陈述句,句中含有一个以上的变量词。例如,"用词准确性"是"语言表达能力"的一个考核要素。

(2)设问提示式

设问提示式考核标志即用提问的方式来提示考核者把握考核要素的特征(见表3-2)。

表3-2 设问提示式考核要素特征

考核要素	考核标志	考核标度				
		优	良	中	可	差
协调性	合作意识如何; 见解想法是否固执; 自我本位感是否强烈					

(3)方向指示式

方向指示式考核标志只规定了从哪些方面去考核,并没有规定具体的考核标志和标度,而是让管理者自己去把握,显然它只是为考核指明了方向(见表3-3)。

表3-3 方向指示式考核要素特征

考核要素	考核标志	考核标度
业务经验	要从应聘者曾从事的业务年限、业务熟悉程度、有无工作成果等方面进行考核	根据具体情况来把握

3.考核标度

考核标度指的是考核要素或标志的程度差异与状态的顺序和刻度。

（1）量词式标度

这种标度使用一些描述程度的形容词、副词、名词等修饰性的词组揭示有关考核标志的状态、水平变化与分布情形。例如，好、较好、一般、较差、差。

（2）等级式标度

这种标度用一些等级顺序明确的词、字母或数字来揭示考核标志的状态、水平变化的刻度。例如，优、良、中、差，甲、乙、丙、丁，1、2、3、4、5，等等。

（3）数量式标度

这种标度用分数来揭示考核标志水平变化的刻度，它有离散性标度（见表3-4）和连续性标度（见表3-5）两种。

表3-4　离散性标度

考核要素	考核标志	考核标度
综合分析能力	能抓住实质，分析透彻	10分
	接触实质，分析较透彻	5分
	抓不住实质，分析不透彻	0分

表3-5　连续性标度

考核要素	考核标度				
	5~4.5分	4.4~4分	3.9~3.5分	3.4~3分	3分以下
协作性	合作无间	肯合作	尚能合作	偶尔合作	我行我素

（4）定义式标度

这种标度用文字规定各个标度的范围和级别差异（见表3-6）。

表 3-6　定义式标度

考核要素	五级标度定义				
	A	B	C	D	E
遵守纪律和规章制度的情况	有乱纪行为，组织性差	偶尔有违纪现象，组织性较差	能遵守制度，较少违纪	自觉遵守，较强纪律性	模范遵守，强组织性
与同事相处的情况	心胸狭窄，不合群	合群性较差	对不同意见者不主动团结	善于与他人合作	主动帮助别人，宽宏大量
拥有专业知识程度	缺乏本专业知识	对专业知识粗浅了解	掌握一般的专业知识	较好掌握专业知识	深入掌握专业知识
口头表达能力如何	讲话含糊，意思不清	基本能表达本意但缺乏条理	辞能达意，有一定条理	抓住要点，语言简练	有出色的谈话技巧
工作是否有上进心	没有上进心	缺少上进心，需外界压力	有上进心，能完成工作	较强上进心，积极工作	积极进取，克服困难

技能点 3
保证绩效考核标准的有效性

良好的绩效考核标准必须具有完整性、协调性、比例性。

完整性：各考核标准相互补充，扬长避短，共同构成一个完整的整体。

协调性：各考核标准在相关的质的规定方面相互衔接、相互一致地协调发展。它反映了考核标准体系的统一性与和谐性。

比例性：各考核标准之间存在一定的数量比例关系。它反映了考核标准体系的统一性和配比性。

1. 什么是合理的绩效考核标准

具体来讲，合理的绩效考核标准应具备如下特征。

（1）绩效考核标准是基于工作，而不是基于工作者的

绩效考核标准应依据工作本身来设定，而不论是谁在做这项工作。绩效考核标准只应当有一套，而并非针对每个员工各定一套。它和绩效目标不同，目标应当是为个人而不是为工作制定的。所以，管理者只须制定出一套绩效考核标准，但对他的每位下属可设定不同的绩效目标，且这些目标会根据个人的经验、技术等而有所不同。

（2）绩效考核标准是被考核者能够达到的

绩效考核的项目是部门或员工通过努力可以达成的。过高的绩效考

核标准会使被考核者丧失信心，标准就会失去其激励导向价值。

（3）绩效考核标准应是考核双方所共知的

主管和下属都应对绩效考核标准明确了解，确保没有歧义。为体现公平性，绩效考核标准应是参与考核的双方都同意的。同时，因为被考核者同意的指标更容易调动起他的积极性和主观能动性，所以，绩效考核标准尤其应当是被考核者同意的。

（4）绩效考核标准要尽可能具体且可衡量

无法衡量的，就无法控制、管理。一个好的绩效考核标准应是可以度量的、有形的，因此绩效考核标准的项目最好是能量化的，如果抽象而不够具体，就无法客观地衡量比较，如用"工作热情高"等标准衡量销售人员，就不如用量化的销售额来衡量更好。

如果在衡量时碰到实在无法量化的目标，也可以用"优、良、中、合格、不合格"之类的多阶段标准来衡量。

（5）绩效考核标准有时效性

绩效考核的资料必须定期、迅速取得，如果大费周折，经久历日才能得到，则有些资料会失去其价值。

（6）绩效考核标准必须与企业文化一致

绩效考核标准是根据企业目标制定的，应该同企业目标一样，符合企业文化的要求。

（7）绩效考核标准是可以改变的

绩效考核标准应随着组织的变化做出定期的审查和改进，也就是说，可以因新方法的引进或因其他工作重要性的变化而变动。但是，绩效考核标准不能仅为了员工无法达到而改变。

凡是无法衡量的，就无法控制、管理。

（8）绩效考核标准要具有全面性

绩效考核标准应尽可能地反映被考核者工作的全貌，要尽可能周到全面。但全面并不意味着越多越好，绩效考核标准的多少，并没有一个确定的数字作为答案。如果工作职责简单明了，就可以设立单项标准；如内容复杂，就要设立多项标准。

对员工素质要求较高的岗位，绩效考核标准的制定可以有一定弹性，因为知识性员工能够自己处理好各种细节问题，只需要为他制定一些总的绩效考核标准就够了。而对其他岗位，一般应设定比较全面的、详细的绩效考核标准。

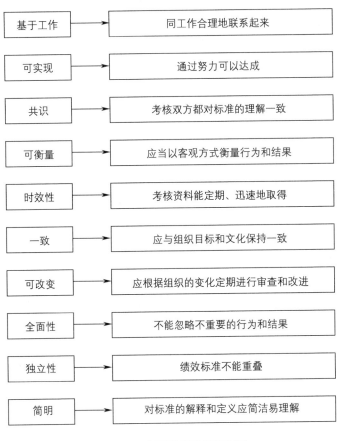

基于工作	→	同工作合理地联系起来
可实现	→	通过努力可以达成
共识	→	考核双方都对标准的理解一致
可衡量	→	应当以客观方式衡量行为和结果
时效性	→	考核资料能定期、迅速地取得
一致	→	应与组织目标和文化保持一致
可改变	→	应根据组织的变化定期进行审查和改进
全面性	→	不能忽略不重要的行为和结果
独立性	→	绩效标准不能重叠
简明	→	对标准的解释和定义应简洁易理解

图 3-1　合理的绩效考核标准

（9）绩效考核标准要具有独立性

绩效考核标准在同一层次上应该相互独立，没有交叉。绩效考核标准体系是由多个层次构成的，独立性原则要求同一层级上的标准 A 和标准 B 不能相互重叠，也不能存在因果关系。

（10）绩效考核标准要具有简明性

有些管理者认为，由于企业从事的生产经营活动是多元化的，因此绩效考核标准也应该是复杂的、专业化的。然而并不是所有被考核者都能了解这些标准，因此就会对其产生怀疑，或因为理解上的差异而造成考核的失误。在实际操作中，最简单的考核标准反而往往是最有效的。

2. 有效绩效考核标准又有哪些优点和用途

① 它能确定可以达到目标的概率。

② 它是根据补偿、员工发展、工作分配、晋升、执行纪律或降职等目的进行个人行为测量的方法。

③ 它可作为衡量员工个人发展的物质奖励的依据。

④ 它可作为衡量部门发展的物质奖励的依据。

⑤ 它可作为衡量工作行为方面创造性研究的物质奖励的依据。

⑥ 它是一种自我评价和改进的方法。

⑦ 它是一种对确定工作量、减少费用、目标之间的平衡等目的进行预测的工具。

⑧ 它是个人绩效与全体组织和部门绩效进行比较的工具。

由此，我们可以对什么是有效的绩效考核标准有一个简明正确的认识，这种认识是制定标准、执行标准的前提。只有合理的绩效考核标准，才能推动目标的实现。

技能点 4

构建完善的绩效考核标准体系

　　不管我们比较的是什么——产品、流程、产出水平、业绩——我们都要确定尺度，以保证这种比较是有意义的。绩效考核标准就好像一把度量绩效的尺子。尺子如果没有刻度或刻度不准，是不能量长短的，所以绩效考核标准必须是一把带有精确刻度的尺子。另外，绩效考核标准还要拉开档次，能有效地区分员工绩效的优劣，否则就没有测量的必要了。总之，确定精确的绩效考核标准，提供绩效参照，是企业开展绩效管理的关键环节。

1. 设定绩效考核标准的依据

　　不同的企业类型、不同的岗位特征，以及不同的绩效考核目标，其定义绩效考核标准的依据自然会有所不同，主要可以归纳为以下几类。

　　① 竞争性分析：对竞争者的活动进行系统分析，以帮助自己提高工作业绩。

　　② 最佳运作：以寻找和企业经营方式相关的最佳运作为目标开展工作。

　　③ 绩效比较：对公司和各部门的业绩进行评估并和评估结果进行纵向、横向的比较。

　　④ 标准设定：对建立恰当的、有伸缩性的绩效考核标准提供相应的

指导。

2.绩效考核标准的种类

在设定绩效目标时，通常需要考虑两类标准，即基本标准和卓越标准。基本标准是指对某个被评估对象所期望达到的水平，卓越标准是指对被评估对象未作要求和期望但是其能够达到的水平。

不管我们比较的是什么——产品、流程、产出水平、业绩——我们都要确定尺度，以保证这种比较是有意义的。

（1）基本标准

基本标准是每个被评估者经过努力都能够达到的水平。并且，基本标准对一定的职位来说，应当是可以有限度地描述出来的。评估的结果主要用于诸如基本工资等非激励性的人事政策中。

（2）卓越标准

卓越标准设定的水平并非每个被评估者都能达到，只有一小部分被评估者能达到。卓越标准通常是没有"天花板"的，不能被有限度地描述出来。

由于卓越标准不是人人都能达到的，所以它的作用主要是为了识别、树立角色榜样。它的评估结果可以作为一些激励性人事政策的依据，如额外的奖金、分红、晋升、培训等。

为方便大家理解，表3-7列举了一些职位的基本标准和卓越标准。从表中可以看出，即使是一个最普通的职位，也有许多卓越表现的标准。设定卓越标准，会使被评估者愿意设立更高的努力目标。卓越标准代表着组织所鼓励的行为，对做出这些行为的员工，组织会给予相应的奖励。

表3-7 职位的基本标准与卓越标准

职位	基本标准	卓越标准
打字员	打字速度不低于100字／分钟；版式、字体符合公司的要求	设计美观、节省纸张的版面；主动纠正原文中出现的错别字

（续表）

职位	基本标准	卓越标准
销售代表	向客户正确介绍产品或服务； 达到承诺的销售目标； 回款及时； 不收取礼品	对每位客户的个性、偏好做详细记录； 为市场部门提供客户需求信息； 维持着长期稳定的客户群

3. 设定绩效考核标准的原则

绩效考核标准是对被考核者的目标要求，也是被考核者努力的方向。绩效考核标准的合理程度将对一定时期员工的努力方向和工作积极性产生重要影响。在定义绩效考核标准时应遵循如下原则。

（1）SMART 原则

S：具体的（specific）——目标是不是具体的、清晰的。

M：可衡量的（measurable）——目标是不是可衡量的。

A：可达到的（attainable）——目标能否达到。

R：相关的（relevant）——目标与工作是否紧密相关。

T：基于时间的（time-based）——目标有无明确的时间要求。

（2）SMT-ABC 原则

S：具体的（specific）——目标是不是具体的、清晰的。

M：可衡量的（measurable）——目标是不是可衡量的。

T：定时的（time）——目标有无时间要求。

A：可实现性的（achievable）——目标能否实现。

B：以竞争对手为标杆的（benchmark）——目标有没有与竞争对手相比较。

C：客户导向的（customer oriented）——目标有没有体现内、外部客户的需求。

（3）5W2H 原则

what（要做什么）：目标是什么。

why（为什么要做）：目标是不是有力支撑着部门的目标。

when（何时去做，何时结束）：目标的时限。

where（在何地做）：在哪里完成。

who（由谁来做）：目标的责任人是谁，涉及哪些人员。

how（如何做）：目标执行的手段或关键措施是什么。

how much（做到什么程度，需要多大代价）：目标做到什么程度，需要什么资源支持，会有什么风险和障碍。

在运用 5W2H 原则时，很多公司将其简化成"五要素"（见表 3-8）。

表 3-8　5W2H 原则的五要素

要素	内容	销售代表的目标（示例）
目标是什么	靶子	某产品的销售
能达到什么程度	达到的质量、数量、状态	销售量 10 万件、销售额 70 万元
该怎么办	为完成目标应采取的措施和手段	对重点区域进行开拓，注意维护重点客户
什么时候完成目标	期限、工作日程表	前半年确定销售策略，后半年实现重点区域突破
是否很好地完成了目标	工作效果评估	销售量 12 万件、销售额 84 万元

（4）SUMMIT 原则

S：具体的（specific）——目标是不是具体的、清晰的。

U：有用的（useful）——目标是不是有价值的。

M：可管理的（manageable）——目标是不是可控的、可实现的。

M：有意义的（meaningful）——目标是不是具有激励性的。

I：具有整合性的（integrated）——目标是不是相辅相成的，与其他的计划能否相符。

T：有形的（tangible）——目标是不是明确输出在纸面上的。

总的来说，绩效考核标准应做到定量要准确，内容要先进合理。

① 定量要准确。

- 绩效考核标准能用数量表示时尽可能用数量表示。
- 各标准评定时的起止水平应合理确定。
- 各标准间的差距应是明确的，评分应是等距的。
- 设定的等级层次数量应是合理的。

② 内容要先进合理。

先进，是指绩效考核标准要科学反映企业的技术水平、管理水平，不会使绩效考核出现满分的现象。合理，是指绩效考核标准不能太严，否则员工考核分数都很低，人人自危，就会打击员工的积极性；也不能太宽松，太宽松无法区分绩效优劣；还是应以多数员工能达到的水平为考核的基本标准。

4.绩效考核标准的制定

要有效地制定绩效考核标准，就必须明白"谁来制定""制定多少项"，以及"怎么制定"。

（1）由谁制定绩效考核标准

绩效考核标准应当由被考核的部门或员工个人事先与管理者共同讨论后制定，并作为管理和执行的依据为员工所接受。这样做有两个目的：一是希望借由员工的亲身参与来激励他们达到甚至超越制定的标准，二是员工会对他们协助制定的标准做出更多的承诺。

（2）绩效考核标准应制定多少项

绩效考核标准到底要多少项并不是确定的。决定绩效考核标准项目数量的人是管理者，要看管理者觉得需要多少标准才能将他对下属的要求说清楚。但通常情况下，绩效考核标准项目多比少好，因为这样不但可以让员工更清楚地了解工作的全貌，也可以使管理者从各个方面来考核下属。因此，企业对绩效考核标准的制定不应有数量上的限制。

（3）怎么制定绩效考核标准

绩效考核标准可以从四个方面来考虑：数量、质量、成本、时间（见表3-9）。

表3-9　绩效考核标准四要素

数量	质量
产品的数量； 处理零件的数量； 接听电话的数量； 销售额／利润； 见客户的次数	合格产品的数量； 错误率； 投诉数量
成本	时间
支出费用的数额； 实际费用和预算	期限

5. 量化绩效考核标准和非量化绩效考核标准

由于绩效目标有定量目标和定性目标，所以绩效考核标准也应当有量化标准和非量化标准。量化标准比较容易评价，可采用加减分法、规定范围法，且客观性较强。而对非量化标准的考核就很容易出现主观随意性，考核结果会受到考核者的价值观、知识水平、经验、关系等因素的影响，可能会丧失公正性和客观性。因此在设定非量化标准时，应设计一些详细的操作指南、技术规范指导和考核参照标准，尽可能增加考核标准的客观性和可操作性。

（1）量化绩效考核标准

加减分法关键业绩指标如表3-10所示。

表3-10 加减分法关键业绩指标

目标	考核要素	权重	考核标准（示例）
关键业绩指标	产量	30分	按照标准的规定折合成标准产量，100箱／台班为基数，得分为25分，每加／减一箱则加／减1分，最多加5分，折算标准参照文件规定
	消耗	15分	按照标准的规定折合成标准产量，以1.50千克／件为基数，基数得分12分，每加／减0.01千克／件则加／减0.1分，15分封顶，7分保底，折算标准参照文件规定
	质量检验	25分	自检滞后减2分／次；记录不真实减2分／次；记录不及时减1分／次；自检漏项减1分／次；记录不规范减1分／次，不设保底分

规定范围法关键业绩指标如表3-11所示。

表3-11 规定范围法关键业绩指标

指标	考核要素	权重	考评标准			
			A	B	C	D
关键业绩指标	销售预测	30分	90%≤预测准确率<100%	80%≤预测准确率<90%	60%≤预测准确率<80%	预测准确率<60%
			29～30分	25～28分	20～24分	10～19分
	项目管理	20分	每个项目进度报表上报及时率100%，所做项目分析能为计划提供强有力的支持，对项目进程控制得力	每个项目进度报表上报及时率≥80%，所做项目分析能为计划提供较有力的支持，对项目进程控制较得力	每个项目进度报表上报及时率≥60%，所做项目分析能为计划提供一定依据，对项目进程控制效果一般	每个项目进度报表上报及时率<60%，所做项目分析能为计划提供依据不明显，对项目进程控制不得力
			19～20分	15～18分	12～14分	6～11分

（2）非量化绩效考核标准

非量化绩效考核标准如定性标准，该标准通常对目标的达成状况尽可能详细地描述，再以评估表的形式加以明确（见表3-12）。

表3-12　定性标准评估表

要素	优秀（A）	良好（B）	合格（C）	改进（D）
团队凝聚力	凝聚力强，人员很团结，相互间工作配合得好	凝聚力较强，人员较团结，相互间工作配合性较好	凝聚力一般，人员团结性、相互间工作配合性一般	凝聚力较低，人员团结性、相互间工作配合性较差
组织与文化建设	建立规范的内部沟通制度，能及时有效传递和正确诠释文化导向，氛围良好；在部门内推行导师制，导师能很好地履行职责	建立较规范的内部沟通制度，能有效传递和正确诠释文化导向，氛围较好；在部门内推行导师制，导师能较好地履行职责	建立内部沟通制度，能传递和诠释文化导向，组织氛围一般，在部门内推行导师制，导师能履行职责	内部沟通制度不完善，不能有效传递和正确诠释文化导向，氛围差；不能在部门内推行导师制，导师不能履行职责
项目管理	项目动态表上报及时率100%，项目分析为计划提供强有力的依据	项目动态表上报及时率大于80%，项目分析为计划提供较有力的依据	项目动态表上报及时率大于60%，项目分析为计划提供一定的依据	项目动态表上报及时率小于60%，项目分析为计划提供的依据不明显

6.绩效考核标准与绩效目标的区别

其实，绩效考核标准和绩效目标是很类似的，唯一不同的是绩效考核标准需要一次次重复地做（见表3-13）。

表3-13 绩效目标与绩效考核标准的区别

绩效目标	绩效考核标准
对要达成结果的表述； 更适合经理和专业员工等涉及个人项目的工作	是一种延续，需要一次次遵循原则； 适于日常重复性的工作

绩效考核标准举例：每次电话铃响不能超过三声，必须将电话接起。这样需要不断遵守的工作要求其实不是绩效目标，而是绩效考核标准。

绩效目标举例：1月1日之前要将生产成本减少5%。绩效目标更适合于销售人员、市场推广人员等。

许多人将绩效考核标准和绩效目标混为一谈，这不利于建立科学有效的绩效考核体系。绩效目标是企业对员工进行有效绩效考核的基础，但如果没有绩效考核标准，会导致绩效目标无法度量，从而也就失去了考核的意义。因此，绩效考核标准是企业绩效考核的参照与依据，它会直接影响到绩效考核的结果，应予以足够的重视。

━━━━━━━━━━━━| 思考 |━━━━━━━━━━━━

请根据给出的问题，分辨出哪些属于绩效目标，哪些属于绩效考核标准，哪些两者都不是。

表3-14 绩效目标与绩效考核标准分析表

序号	问题	可衡量类型
1	教室的破损程度应保持在最小	目标☐ 标准☐ 都不是✓
2	记录注册信息的错误不得超过总注册额的1%	目标☐ 标准✓ 都不是☐
3	在1月1日之前减少当前经营所需的费用	目标☐ 标准☐ 都不是✓

（续表）

序号	问题	可衡量类型
4	在销售费用的增加少于5%的基础上，年底前把东北地区的销售额增加1500万元	目标✓ 标准☐ 都不是☐
5	在10月1日前，以不超过20个工时的时间，完成车间设备的检修	目标✓ 标准☐ 都不是☐
6	接电话要迅速，必要时将电话信息记录下来	目标☐ 标准☐ 都不是✓
7	来电应马上应答，不能超过三声；回电时要遵照公司手册中的相关规定	目标☐ 标准✓ 都不是☐
8	尽量减少本月由于故障事故而造成的损失	目标☐ 标准☐ 都不是✓
9	在3月15日之前把车床保养费降低10%，一次性修理费不得超过3000元	目标✓ 标准☐ 都不是☐
10	在不增加费用的前提下，把电脑的销售量增加5%	目标✓ 标准☐ 都不是☐

第四章

设计绩效考核制度表格

本章将介绍绩效考核的相关制度，并提供一系列实用表格，以供借鉴使用。

技能点 1
普通员工绩效考核管理制度

××公司普通员工绩效考核管理制度			
执行部门		档案编号	
批准人员		批准日期	

第一章 总 则

第一条 目的

为完善公司各部门绩效管理工作，促进个人绩效、部门绩效的改进和提升，特制定本制度。

第二条 考核的原则

(1)一致性：在一段连续时间之内，考核的内容和标准不能有大的变化，至少应保持1年之内考核的方法具有一致性。

(2)客观性：考核要客观地反映员工的实际情况，避免光环效应、新近性、偏见等带来的误差。

(3)公平性：对于同一岗位的员工使用相同的考核标准。

(4)公开性：员工要知道自己的详细考核结果。

第三条 绩效考核体系框架

(1)绩效考核周期分为月度绩效考核、季度绩效考核和年度绩效考核。

(2)考核对象分为职能负责人和其他人员，由总经理负责考核职能负责人，职能负责人考核其下属人员。

(3)考核等级：在各项考核环节中，考核结果分为如下3个等级。

（续表）

考核等级	定义及描述
A	优秀：持续或部分超出期望，超额或基本完成工作任务（95%以上）
B	称职：完成大部分工作任务（90%以上），业绩正常
C	辅导：相当部分工作任务没有完成，需要改进和辅导

第二章 月度绩效考核

第四条 月度绩效考核的方法

月度绩效考核采用百分制，考核内容包括重点工作和常规工作，考核权重如下：

考核对象	重点工作权重	常规工作权重
职能负责人	60%	40%
其他人员	40%	60%

第五条 考核内容说明

（1）重点工作：指部门和职能模块的重点工作、年度专项工作、领导指派的重要工作。

（2）常规工作：指个人年度或月度常规性工作、领导指派的临时性工作等。

（3）加减分指标：

加分项指经总经理确认可给予加分的事项，根据被考核人月度工作质量、突发事件的处理能力和水平及被考核人受到的公司有关表扬及奖励等情况确定，加分值为0～5分。

扣分项指经总经理确认应给予扣分的事项，根据被考核人的工作失误、违规违纪等情况及有关单位和部门的投诉确定，扣分值为0～5分。

第六条 考核流程

（1）每月25日前，被考核员工向职能负责人申报下月工作计划、当月计划完成情况和考核自评。

（2）每月30日前，职能负责人对被考核员工申报的工作计划进行调整和确认，完成考核复评，提交总经理审批。

第七条 考核结果与薪酬发放

考核结果与个人月度固定薪酬挂钩，发放比例如下：

考核得分（S）	S > 95	S ≤ 95
固定薪酬标准发放比例	100%	考核得分从 96 分开始，每减 1 分扣发薪资标准 1%
其他人员	40%	60%

注：发放比例最低不少于 90%。

第八条　考勤

考勤不纳入个人月度考核，根据考勤结果在个人月度工资中扣减缺勤工资，扣发标准参见薪资管理办法（另行制定）。

第三章　季度绩效考核

第九条　季度绩效考核的方法

季度绩效考核包括季度工作考核和季度能力评价，不同考核对象的相应权重如下：

考核对象	季度工作考核	季度能力评价
职能负责人	100%	无
其他人员	70%	30%

第十条　考核结果

季度工作考核结果由季度内 3 个月的月度考核得分加权平均计算。

第十一条　季度能力评价

(1) 评价采用百分制，包括沟通协调能力、执行能力、创新能力、团队合作、积极主动共 5 项评价指标，每项指标占 20% 的权重。

(2) 评分标准：基于职位职级的要求，对个人绩效目标达成过程中的能力表现情况进行强制评价打分。具体标准如下：

序号	展现能力与职位匹配程度	评分分数范围
1	A	19 ～ 20 分
2	B	17 ～ 18 分
3	C	16 分以下

第十二条　季度评估流程

（1）在每季度首月（1月、4月、7月、10月）的10日前，各考核责任人根据季度考核表所列项目及考核权限，完成上季度的考核工作。

（2）职能负责人组成无等级会议，共同对其他人员的季度业绩考核、季度评价进行讨论，初步评估季度绩效等级结果。

（3）部门经理对部门成员的季度绩效评估结果进行终评。

第十三条　季度考核结果与薪酬发放

（1）职能负责人不参加季度绩效奖励的分配。

（2）其他人员季度绩效奖励参考结合团队和个人季度考核结果进行分配，其中考核结果为C的不参加季度绩效奖励分配。

第四章　年度绩效考核

第十四条　年度绩效考核的方法

年度绩效考核是对个人年度业绩的全面评价，不同考核对象的评估结构如下：

考核对象	年度业绩考核	能力评价
职能负责人	年度业绩考核占80%	总经理评价占20%
其他人员	年度业绩考核占100%	无

（1）年度业绩考核：指个人各季度业绩考核得分进行加权平均。

（2）总经理评价：由总经理对职能负责人的年度工作计划达成情况、个人工作能力等方面做出综合评价。其中工作能力评价结合相关人员开展360度反馈，反馈结果作为总经理评价的参考依据。

第十五条　年度考核流程

（1）12月20日前，各考核责任人完成年度绩效评估表的申报填写。

（2）12月25日前，完成职能负责人的总经理评价部分。

（3）12月30日前，部门总监组织无等级会议，按照强制分布比例，对部门员工年度绩效等级结果进行最终评定。

年度绩效等级	A	B	C
人数比例	10%	80%	10%

第十六条　年度绩效考核结果应用

（1）年度绩效等级和员工薪酬浮动挂钩发放，发放比例参照薪资计发办法。

（续表）

（2）根据考核情况，对考核结果为 C 级的员工进行调岗或淘汰。

第五章　绩效调整、改进与适用人员

第十七条　绩效面谈

在各个考核周期，职能负责人对考核等级为 A 级的员工进行面谈，以肯定优秀、改进绩效；对考核等级为 C 级的员工，应进行面谈并提出具体的改进建议，并在考核评估中进行记录。

第十八条　绩效考核结果公布

部门经理于每月 5 日前召开月度工作会议，通报上月工作目标完成情况及被考核人员考核得分，同时提出改进意见。

第十九条　员工申诉

员工有权对本人绩效考核结果提出申诉，职能负责人对于员工申诉的评议应及时反馈给员工本人。

第二十条　新员工的绩效考核

新员工入职后一个月内，考核上级应与其设立工作绩效目标；在试用期结束之前，完成新员工的转正评估。

（1）月度绩效考核：试用期内，参加月度考核，考核结果和薪资不挂钩。

（2）季度绩效考核：转正时间起当季在职满两个月的，参加当季绩效考核。

（3）年度绩效考核：转正时间起当年度满三个月的，参加年度绩效考核。

第二十一条　调动人员

（1）月度绩效考核：调动时当月在职满 20 天的，参加当月的月度绩效考核。

（2）季度绩效考核：调动时当季在职满两个月的，参加当季绩效考核。

（3）年度绩效考核：调动时当年度在职满三个月的，参加年度绩效考核。

第二十二条　离职人员

离职人员原则上不再进行绩效评定，因薪酬结算需要绩效评定的，可参照在职期间的月度绩效考核和季度绩效考核结果综合评定。

第六章　附　则

第二十三条　保密

（1）考核结果只对考核负责人、被考核人、人力资源负责人、（副）总经理公开。

（2）考核结果及考核文件交由人力资源部存档。

（3）任何人不得将考核结果告诉无关人员。

第二十四条　本制度由人力资源部负责解释

第二十五条　本制度自 ×× 年 ×× 月 ×× 日起施行

技能点 2
员工通用项目考核表

员工通用项目考核表						
填制部门			档案编号			
被考核人编号:		被考核人姓名:	考核日期:	年 月 日		
考核项目	考核要素	考核内容	标准分	加／扣分		
				自评	考核小组	考核得分
职业道德 (25%)	忠于职守	是否热爱本职工作	5			
	工作素质	是否热爱集体，尊重领导，配合支持工作	5			
	团结精神	是否关心他人，注重团结协作	5			
	业务学习	是否钻研业务，勤奋好学，要求上进	5			
	服务态度	对用户服务是否周到、热情	5			
工作态度 (25%)	遵守制度	能否遵守公司规章制度	5			
	出勤情况	有没有请假缺勤情况	5			
	积极性	对做好职务范围内的业务有没有热情	5			
	责任感	是否有完成本职工作的持续性和责任感	5			
	协作性	与同事、领导的协作情况	5			

（续表）

考核项目	考核要素	考核内容	标准分	加／扣分		
				自评	考核小组	考核得分
工作成果（32%）	完成任务	有否完成任务的具体计划安排	10			
	成本意识	是否有努力节约时间、降低浪费的意识	8			
	创新能力	有没有提出改进工作的建议情况	5			
	特殊成果	能否给公司在某方面解决重大问题	5			
	培养人才	是否参加培训或对他人进行培训	4			
其他管理（18%）	能源管理	是否节约能源（水、电等）	3			
	设备管理	是否爱护设备，对设备尽心保养	3			
	财务管理	能否节约开支，精打细算，遵守财务制度	3			
	物资管理	能否按计划领用物资	3			
	安全防火	是否有很强的安全防火意识	3			
	保密意识	是否随意将工作资料外传	3			

1. 通过以上各项的评分，该员工的综合得分是＿＿＿＿＿＿＿＿＿分

2. 你认为该员工应处于的等级是（选择其一）[ ]A [ ]B [ ]C [ ]D

A. 90分及以上　　B. 80~89分　　C. 70~79分　　D. 70分及以下

3. 考核者意见＿＿＿＿＿＿＿＿＿＿＿＿＿＿＿＿＿＿＿＿＿＿＿

考核者签字＿＿＿＿＿＿＿＿＿＿　＿＿＿＿年＿＿月＿＿日

以下部分为人力资源部及总经理填写

人力资源部评定意见

评语

	决定该员工：
考核结果	□转正：在_____任_____职 □升职至_____任_____ □续签劳动合同：自_____年____月____日至_____年____月____日 □降职为_____ □提薪（或降薪）为_____ □辞退 □其他_____ 人力资源部经理签字_____　_____年____月____日
总经理核准意见	
总经理签字_____　_____年____月____日	

100

技能点 3
员工自我鉴定表

<table>
<tr><td colspan="7" align="center">员工自我鉴定表</td></tr>
<tr><td colspan="2">填制部门</td><td></td><td>档案编号</td><td colspan="3"></td></tr>
<tr><td colspan="7">填表日期：　　　年　　　月　　　日</td></tr>
<tr><td colspan="2">姓名</td><td>部门</td><td>职位</td><td></td><td>入职时间</td><td></td></tr>
<tr><td colspan="2">现行工作时间</td><td>工资</td><td>学历</td><td></td><td>出生日期</td><td></td></tr>
<tr><td colspan="3" align="center">项目</td><td>理由及建议</td><td colspan="2">经理意见</td><td>总经理意见</td></tr>
<tr><td>当前工作</td><td colspan="2">(1) 你认为是否适合目前的工作？
□适合 □不太适合 □不适合
(2) 目前工作量是否恰当？
□太多 □适中 □很少
(3) 你在工作时，感到有无困难？
□有 □偶尔有 □没有</td><td></td><td colspan="2"></td><td></td></tr>
<tr><td>工作目标</td><td colspan="2">(1) 你认为自己适合哪些方面的工作？你不适合哪些方面的工作？其中最适合你的工作是什么？
(2) 你对现在的工作（如调岗等）有什么希望？
(3) 你的工作目标是什么？
(4) 这个目标的进展程度如何？</td><td></td><td colspan="2"></td><td></td></tr>
</table>

101

项目		理由及建议	经理意见	总经理意见
薪酬职位	(1) 你认为你的工作报酬是否合理？ □合理　□不合理 (2) 职位是否合理？ □合理　□不合理 (3) 职称是否合理？ □合理　□不合理 理由何在？你的希望是什么？			
教育培训	(1) 今年你是否参加过公司内部的培训？ □参加过　□未参加过 (2) 曾参加什么培训？ (3) 你希望接受什么方面的培训？ (4) 你对本企业的培训有什么意见？			
工作分配	(1) 你认为你的工作分配是否合理？ □合理　□不合理 (2) 有什么地方需要改进？			
特殊贡献	(1) 你对公司特殊贡献是什么？ (2) 你做到什么程度？			
工作构想	在你担任的工作中，你有什么好的想法？请具体说明。			
其他方面	请代为安排和　　　　　面谈。 本人希望或建议是：			

说明：本表呈总经理和部门经理批阅后转人力资源部存档。

技能点 4

员工月度考核统计表

<table>
<tr><th colspan="15">员工月度考核统计表</th></tr>
<tr><td colspan="3">填制部门</td><td></td><td colspan="4">档案编号</td><td colspan="7"></td></tr>
<tr><td colspan="4">部门：</td><td colspan="4">初核期间： 月到 月</td><td colspan="7">考核日期：</td></tr>
<tr><td rowspan="2">编号</td><td rowspan="2">姓名</td><td rowspan="2">性别</td><td rowspan="2">年龄</td><td rowspan="2">职位等级</td><td rowspan="2">学历</td><td rowspan="2">业绩贡献</td><td rowspan="2">业务能力</td><td rowspan="2">工作态度</td><td colspan="2">初核</td><td colspan="2">复核</td><td rowspan="2">人事核定</td><td rowspan="2">考核评语</td></tr>
<tr><td>合计</td><td>等级</td><td>合计</td><td>等级</td></tr>
<tr><td></td><td></td><td></td><td></td><td></td><td></td><td></td><td></td><td></td><td></td><td></td><td></td><td></td><td></td><td></td></tr>
<tr><td></td><td></td><td></td><td></td><td></td><td></td><td></td><td></td><td></td><td></td><td></td><td></td><td></td><td></td><td></td></tr>
<tr><td></td><td></td><td></td><td></td><td></td><td></td><td></td><td></td><td></td><td></td><td></td><td></td><td></td><td></td><td></td></tr>
<tr><td></td><td></td><td></td><td></td><td></td><td></td><td></td><td></td><td></td><td></td><td></td><td></td><td></td><td></td><td></td></tr>
<tr><td></td><td></td><td></td><td></td><td></td><td></td><td></td><td></td><td></td><td></td><td></td><td></td><td></td><td></td><td></td></tr>
<tr><td></td><td></td><td></td><td></td><td></td><td></td><td></td><td></td><td></td><td></td><td></td><td></td><td></td><td></td><td></td></tr>
<tr><td></td><td></td><td></td><td></td><td></td><td></td><td></td><td></td><td></td><td></td><td></td><td></td><td></td><td></td><td></td></tr>
<tr><td></td><td></td><td></td><td></td><td></td><td></td><td></td><td></td><td></td><td></td><td></td><td></td><td></td><td></td><td></td></tr>
<tr><td>备注</td><td colspan="8">1.本表请于每月3日前密封送到公司人力资源部。
2.初核人员请注意考核规定，否则退回重考，尤其注意评定的百分比。出勤、奖惩不考核。</td><td colspan="3">初核人</td><td colspan="3">复核人</td></tr>
</table>

总经理： 人力资源部： 部门主管：

技能点 5
员工年度考核成绩表

<table>
<tr><td colspan="12" align="center">员工年度考核成绩表</td></tr>
<tr><td>填制部门</td><td></td><td colspan="4"></td><td>档案编号</td><td colspan="6"></td></tr>
<tr><td colspan="13">考核日期：</td></tr>
<tr><td>姓名</td><td></td><td></td><td colspan="2">职位</td><td colspan="2"></td><td>薪金</td><td colspan="5"></td></tr>
<tr><td rowspan="2">本年度
考绩</td><td rowspan="2"></td><td rowspan="2">本年度
勤假</td><td>迟到</td><td>早退</td><td>旷工</td><td>事假</td><td>病假</td><td>其他</td><td rowspan="2">本年度
功过</td><td>大功</td><td>小功</td><td>嘉奖</td><td>大过</td><td>小过</td><td>申诫</td></tr>
<tr><td></td><td></td><td></td><td></td><td></td><td></td><td></td><td></td><td></td><td></td><td></td><td></td></tr>
<tr><td rowspan="2">考绩
项目</td><td rowspan="2" colspan="2">最高分数</td><td colspan="5">初核</td><td colspan="5">复核</td></tr>
<tr><td colspan="2">目标分</td><td colspan="3">项目分</td><td colspan="2">目标分</td><td colspan="3">项目分</td></tr>
<tr><td rowspan="4">专长及
学识
(25%)</td><td>本职技能及知识</td><td>25</td><td colspan="2"></td><td colspan="3"></td><td colspan="2"></td><td colspan="3"></td></tr>
<tr><td>经验及见解</td><td>25</td><td colspan="2"></td><td colspan="3"></td><td colspan="2"></td><td colspan="3"></td></tr>
<tr><td>特殊贡献</td><td>25</td><td colspan="2"></td><td colspan="3"></td><td colspan="2"></td><td colspan="3"></td></tr>
<tr><td>专长及一般常识</td><td>25</td><td colspan="2"></td><td colspan="3"></td><td colspan="2"></td><td colspan="3"></td></tr>
<tr><td>平常
考绩得分
(75%)</td><td colspan="12">(把本年度全部考绩分数相加后平均)</td></tr>
<tr><td>年度
总成绩
合计分</td><td colspan="12"></td></tr>
<tr><td rowspan="5">考绩
成果</td><td colspan="2">本年度勤假应扣分数</td><td colspan="10"></td></tr>
<tr><td colspan="2">本年度功过应增减分数</td><td colspan="10"></td></tr>
<tr><td colspan="2">实得分数</td><td colspan="10"></td></tr>
<tr><td colspan="2">等级</td><td colspan="10"></td></tr>
<tr><td colspan="2">应予奖惩</td><td colspan="10"></td></tr>
<tr><td>备注</td><td colspan="12"></td></tr>
<tr><td>部门主管</td><td colspan="6"></td><td colspan="2" align="center">直属上司</td><td colspan="4"></td></tr>
</table>

技能点6
关键绩效考核指标表

关键绩效考核指标表					
填制部门			档案编号		
考核指标	评分标准				
	极差 (0~40分)	需要改进 (41~60分)	称职 (61~80分)	良好 (81~95分)	优秀 (96~100分)
工作准确性	工作懒散，可以避免的错误经常出现	犯错较多，工作不细心	大体满意，偶犯小错误	工作几乎全部正确清楚，能及时发现错误进行改正	工作一直保持超高水准
工作效率	工作慢，从没有按时完成平均工作量	低于平均水平	符合要求，偶有超过	超出平均量	速度、质量超出一般人员
知识技能	对工作相关知识大部分不了解	某些方面需要加强	基本可以应对工作	对工作中出现的困难基本可以解决	工作各方面均游刃有余
协作能力	无法与人协作，不愿接受新事物	经常不能与人配合，不容易相处	大致可以与人合作，偶有摩擦	经常与人协作，愿意接受新生事物	能高效合作，随时准备尝试新事物

考核指标	评分标准				
	极差 (0~40分)	需要改进 (41~60分)	称职 (61~80分)	良好 (81~95分)	优秀 (96~100分)
积极主动性	只能照章办事，且需不断监督	处理事务常出错，时常需要监督	一般工作无须指示，新生事物需监督	经常机智灵活处理事务，很少需要监督	一直主动灵活进行工作
学习能力	学习能力差，需反复指导	学习缓慢，不能把知识运用到工作中	学习速度一般，偶尔需要指导	学习能力强，能运用所学知识	学习能力超强，能灵活运用所学知识
责任感	经常偷懒，有机会就闲聊	经常忽视工作，需要监督	能坚守岗位，偶尔需要提醒	对工作比较负责	对工作极为认真负责
出勤率	经常请假或迟到、早退	有较多请假或迟到、早退	偶有请假或迟到、早退	绝少请假或迟到、早退	从不请假或迟到、早退，经常能提前上班

技能点 7

中、高层人员绩效考核管理制度

××公司中、高层人员绩效考核管理制度			
执行部门		档案编号	
批准人员		批准日期	

第一章　总　　则

第一条　目的。

通过对中、高层管理人员的工作业绩、能力及工作态度进行客观、公正的评价，充分发挥绩效考核体系的激励和促进作用，促使中、高层管理人员不断改善工作绩效，提高自身能力，从而提高企业的整体运行效率。

第二条　考核范围。

公司所有中、高层管理人员（除副总经理、总经理等人员外的各部门经理及以上人员）。

第三条　考核实施机构。

绩效考核领导小组由总经理担任组长，组员包括副总经理及人力资源部经理。

第二章　考核内容

第四条　考核内容主要包括工作业绩、核心能力及工作态度三个方面。它们在整个考核评价过程中所占的权重见下表。

考核内容	工作业绩	核心能力	工作态度
权重	55%	35%	10%

（1）工作业绩考核：考核被考核者在一个考核周期内的工作效率与工作结果。

（2）核心能力考核：综合被考核者在一个考核周期内由工作效果反映出来的应具备的核心能力。

（3）工作态度考核：考核被考核者对工作岗位的认知度及为此付出努力的程度。

第五条 考核者依据被考核者在一个考核周期内的表现和被考核者的自述报告，确定最后的评定等级。

第三章 考核方式

第六条 对中、高层管理者的考核实际上就是对公司各系统经营与管理状况进行全面系统的考察，因此，对中、高层管理者的考评采取考核加述职的方式。

第七条 对中、高层管理人员的考核主要分为上级考核、同级互评、自我评价及下属民主测评四种。

（1）上级考核：由公司最高层领导对本公司所有中、高层管理人员进行评价，综合所有评价数据进行加权计算，得到上级考核最终分数。

（2）同级互评：中、高层管理人员之间进行互相评定，综合所有评价数据进行加权计算，得到同级互评最终分数。

（3）下属民主测评：由被考核者的直接下属对其进行评价，综合所有评价数据进行加权计算，得到下属民主测评最终分数。

（4）自我评价：由被考核者自己结合述职报告给出适当的分数。

第八条 考核最终分数的确定。

考核最终分数＝上级考核分数×45%＋同级互评分数×30%＋下属民主测评分数×20%＋自我评价分数×5%。

第四章 考核结果及运用

第九条 考核等级。

考核等级是考核小组对中、高层人员绩效进行综合评价的结论。考核成绩可分为五个层次：A（优秀）、B（良）、C（合格）、D（需改进）、E（不合格）。

第十条 公司在原则上规定了考核等级与百分制成绩的关系，以及考核等级的定义，具体内容见下表。

（续表）

等级	考核分数	定义	含义
A	90分及以上	优秀	实际业绩显著超过预期目标或岗位职责的要求，在目标或岗位职责要求所涉及的各个方面都取得非常突出的成绩
B	80~89分	良	实际业绩达到或超过预期目标或岗位职责的要求，在目标或岗位职责要求所涉及的主要方面取得比较突出的成绩
C	70~79分	合格	实际业绩基本达到预期目标或岗位职责的要求，既没有突出的表现，也没有明显的失误
D	60~69分	需改进	实际业绩未达到预期目标或岗位职责的要求，在很多方面或主要方面存在着显著的不足或失误
E	60分以下	不合格	实际业绩远未达到预期目标或岗位职责的要求，在很多方面或主要方面存在着重大的不足或失误

第十一条　年度内中、高层管理者的年中、年终考核，各部门内部员工的季度和月度考核均遵循公司规定的比例强制分布，在具体操作过程中可进行适当的调整。

第五章　附　则

第十二条　本制度由公司人力资源部负责制定，报总经理审批后执行。

第十三条　本制度解释权归公司人力资源部。

技能点 8
中、高层人员考核表

中、高层人员考核表				
填制部门		档案编号		
姓名：____ 任职部门：____ 职务名称：____ 总得分：____				
考核项目及考核内容		参考分数	自评	上级审核
领导能力(15%)	善于领导部属提高工作效率，积极完成工作计划和目标	15 分		
	灵活运用部属，顺利完成工作计划和目标	13~14 分		
	尚能领导部属，勉强完成工作计划和目标	11~12 分		
	不得部属信赖，工作意愿低	7~10 分		
	领导方式不佳，常使部属不服或反抗	7 分以下		
策划能力(15%)	有较高的策划能力，工作力求精湛	15 分		
	尚有策划能力，工作力求改善	13~14 分		
	称职，工作尚有表现	11~12 分		
	只能做别人交办的事项，不会策划改进	7~10 分		
	缺乏策划能力，必须依赖他人	7 分以下		

考核项目及考核内容		参考分数	自评	上级审核
工作任务及效率（15%）	能出色完成任务，效率高，具有卓越创意	15 分		
	能胜任工作，效率较高	13~14 分		
	工作不误期，符合标准	11~12 分		
	勉强胜任工作，没有表现	7~10 分		
	工作效率低，时有差错	7 分以下		
责任感（15%）	有积极责任心，能彻底完成任务，可放心安排工作	15 分		
	具有责任心，能完成任务，可安排工作	13~14 分		
	尚有责任心，能如期完成任务	11~12 分		
	责任心不强，需有人督导，否则不能按时完成工作	7~10 分		
	无责任心，在别人的督导下也不能完成工作	7 分以下		
沟通协调（10%）	善于上下沟通平衡协调，能主动与人合作	10 分		
	乐意与人沟通协调，顺利完成任务	8~9 分		
	尚能与人合作，以完成工作要求	7 分		
	协调不善，致使工作较难开展	5~6 分		
	无法与人协调，致使工作无法开展	5 分以下		
授权指导（10%）	善于分配权力，积极传授工作技能，引导部署完成任务	10 分		
	灵活分配工作或权力，有效传授工作知识完成任务	8~9 分		
	尚能顺利分配工作与权力，指导部署完成任务	7 分		
	欠缺分配工作权力及指导部署，任务进行偶有困难	5~6 分		

考核项目及考核内容		参考分数	自评	上级审核
授权指导(10%)	不善分配权力及指导部署，内部时有不服及怨言	5分以下		
工作态度(10%)	品德廉洁，诚信守时，立场坚定，足为楷模	10分		
	品行诚实，言行规矩，平易近人	8~9分		
	言行正常，无越轨行为，无明显表现	7分		
	固执己见，不易与人相处	5~6分		
	经常利用上班时间处理私事，或擅离岗位	5分以下		
成本意识(10%)	成本意识强烈，能积极节省，避免浪费	10分		
	具备成本意识，并能节约	8~9分		
	尚有成本意识，尚能节约	7分		
	缺乏成本意识，稍有浪费	5~6分		
	无成本意识，经常浪费	5分以下		
受评人特长描述				
是否纳入接班人计划				
所需要的培训				
考核总分		考核人签名		
备注：关于"工作任务"这个项目，必须另附工作计划及工作总结供参考和审核。				

技能点 9
业务人员考核表

业务人员考核表								
填制部门				档案编号				
姓名：_____　部门：_____　岗位：_____　考核日期：_____								
考核因素	考核要点				考核分数			
					优	良	中	可	差
成果		计划	实际完成	完成计划百分比	14	12	10	8	6
业务成绩	总产值（万元）				14	12	10	8	6
	利润（万元）				14	12	10	8	6
	费用（万元）				14	12	10	8	6
	新增客户数				14	12	10	8	6
业务活动	正确理解工作指示和方针，制订适当的实施计划				14	12	10	8	6
	按照下属的能力和个性合理分配工作				14	12	10	8	6
	及时与有关部门进行必要的工作联系				14	12	10	8	6
	在工作中始终保持协作态度，顺利推动工作				14	12	10	8	6
管理监督	在人事关系方面，下属没有不满或怨言				14	12	10	8	6
	善于放手让下属去工作，鼓励他们乐于协作的精神				14	12	10	8	6

考核因素	考核要点	考核分数				
		优	良	中	可	差
管理监督	十分注意生产现场的安全卫生和整理整顿工作	14	12	10	8	6
	妥善处理工作中的失败和临时追加的工作任务	14	12	10	8	6

1. 通过以上各项的评分，该员工的综合得分是 ＿＿＿＿＿ 分
2. 你认为该员工应处于的等级是（选择其一）[ ]A [ ]B [ ]C [ ]D
A.130分以上　B.100~130分　C.80~99分　D.80分以下
3. 考核者意见＿＿＿＿＿＿＿＿＿＿＿＿＿＿＿＿＿＿＿＿＿＿＿＿
考核者签字＿＿＿＿＿＿＿＿＿＿＿　＿＿＿＿年＿＿月＿＿日

以下部分为人力资源部及总经理填写

人力资源部评定

评语	
考核结果	决定该员工： [ ]转正：在＿＿＿＿任＿＿＿＿职 [ ]升职至＿＿＿＿任＿＿＿＿ [ ]续签劳动合同：自＿＿＿＿年＿＿月＿＿日至＿＿＿＿年＿＿月＿＿日 [ ]降职为＿＿＿＿＿＿ [ ]提薪（或降薪）为＿＿＿＿＿＿＿ [ ]辞退 [ ]其他＿＿＿＿＿＿＿＿＿＿＿＿＿＿＿ 经理签字＿＿＿＿＿＿＿＿＿　＿＿＿＿年＿＿月＿＿日

总经理核准

总经理签字＿＿＿＿＿＿＿＿＿＿　＿＿＿＿年＿＿月＿＿日

技能点 10

会计部门业务能力分析表

会计部门业务能力分析表		
填制部门	档案编号	
考核项目	**评分**	**指导**
账册管理是否万全	5 4 3 2 1	
现金管理是否万全	5 4 3 2 1	
现金的收支是否万全	5 4 3 2 1	
支票的核对是否万全	5 4 3 2 1	
预付款的核对情况	5 4 3 2 1	
各种计算是否确实	5 4 3 2 1	
收款处理是否确实	5 4 3 2 1	
付款处理是否谨慎	5 4 3 2 1	
与银行的交涉情况	5 4 3 2 1	
资金的准备情况	5 4 3 2 1	
是否热心于资产的扩充	5 4 3 2 1	
是否热心于费用的节省	5 4 3 2 1	
计算是否无误	5 4 3 2 1	
税务处理是否万全	5 4 3 2 1	
……	5 4 3 2 1	
评分统计（分数越高越优秀）		

技能点 11
专业人员服务成绩考核表

专业人员服务成绩考核表			
填制部门		档案编号	
姓名：	部门：	职位：	_____年____月
考核项目	**考核标准**		**分数**
学识经验	学识经验优秀，且常提供改进意见		20
	学识经验比一般人好		16
	肯上进，能接受指导，能完成工作		12
	不求上进，需要继续培训		8
	对工作要求茫然无知，工作疏忽		4
专业能力	技能丰富，完全能完成本职工作		30
	理解力强，对事情判断准确		24
	理解力普通，处理事件少有错误		18
	理解力较差，对复杂事件判断力不够		12
	理解力很差，判断能力不良，经常无法处理事情		6
协调性	与人协作无间，为工作顺利完成尽最大努力		20
	爱护团体，常帮助别人		16
	在别人要求下能帮助他人		12
	仅在必要时与人协调		8
	精神散漫，不肯与人合作		4

考核项目	评核标准		分数
责任感	任劳任怨，竭尽所能完成任务		10
	工作努力，份内工作非常完善		8
	有责任心，能完成本职工作		6
	交付工作常需督导始能完成		4
	敷衍了事，无责任感，常粗心大意		2
积极性	奉公守法，足为他人楷模		20
	热心工作，支持公司方面的政策		16
	对本身工作感兴趣，不浪费工作时间		12
	工作无恒心，精神不振，不满现实		8
	态度傲慢，常唆使别人向公司提不合理要求		4
奖惩记录		考核评分	
		奖惩增减分	
		考绩	
考核评语		考核人员	
评分标准：90 分及以上优秀，80~89 分良好，70~79 分中等，60~69 分及格，60 分以下不及格。			

117

第五章

实施绩效辅导

绩效辅导阶段在整个绩效管理过程中耗时最长，它是连接绩效计划和绩效考核的重要中间环节，是展现管理者管理水平和管理艺术的主要环节，这个过程完成得好坏直接影响着绩效管理的成败。

绩效辅导阶段的重要性在绩效管理过程中仅次于绩效计划阶段，如果用一个量化的标准加以界定，这个阶段的成功意味着绩效管理成功的可能性增加了30%。

要想做好绩效辅导，不是一件容易的事情，它要求管理者和员工进行持续不断的沟通。同时，这个阶段也是记录员工关键事件的重要时刻。

技能点 1
进行有效授权

　　授权是对权力进行的一种创造性分配，是对责任的分担。授权是包罗万象的，有助于人们充分发挥才智，在组织内建立良好的人际关系。

　　从管理学角度看，授权是指上级授予下属一定的权力，使下属在一定监督下，自主地对本职范围内的工作进行决断和处理。

　　授权之后，授权者对被授权者保持指挥和监督的权力，被授权者则担负完成任务和随时报告的责任。授权管理机构的管理者应当明白，进行授权需要永不懈怠的努力且授权并非目标的终结。

1. 消除对授权的误解

　　如果你总是拿着一张旧地图，就会丧失开辟新路的机会。快尝试把这些旧的观念清除出去吧！

　　① 授权并非宣布你在"解放"那些为你工作的人们。

　　② 授权并不意味着转交所有你所不愿从事的工作。

　　③ 授权并不是表明你在为他人工作。

　　④ 授权并不是为了改变而制造变化。

　　⑤ 授权并非为了缩小规模而建立多个小组的调整。

　　⑥ 授权并不是使员工完全自主。

⑦ 授权并非适用于"他们"，而是适用于"我们"。

2. 授权是为了什么

绩效管理是一种复杂的管理活动，它的实施包括从计划制订到目标实现的全过程。管理者的时间和精力都是有限的，不可能也没必要事必躬亲。对他们来说，应当优先处理那些最重要的工作，因此他们必须把不太重要的工作交给其他人去处理。所以，授权就成为客观需要。

从管理学角度看，授权是指上级授予下属一定的权力，使下属在一定监督下，自主地对本职范围内的工作进行决断和处理。

在大多数情况下我们可以发现，授权给下属的工作反而能被他们更好地完成。因为管理者不可能拥有所有的专业知识和技能，也不可能同时从事不同的工作。在这种情况下，拥有专业知识的员工就更具有优势，因为直接负责的员工更容易掌握所需的资料，并且更能了解到实际的情况。从激励的角度看，有些对管理者来说只是日常性的工作却使下属觉得充满挑战。下属得到的机会和发展越多，他们就越有可能在将来承担企业的重任。

3. 授权氛围的建立

要授权成功，就要先建立一种授权氛围。

牢记授权是一个过程，只能一步步去实现，不要期望改变会突然发生。

要看到相互影响的作用。作为管理者，你与员工共同分享你的知识和经验是非常明智的，相互影响不是针对某一方，而是双向的。

花时间去听大家的意见，这样管理者不仅能知道员工在想些什么，而且会知道他们是如何想的。

在管理者和员工之间建立起一种诚实但不妥协的关系，增强相互的尊重、信任和理解。

4. 授权是对权力进行创造性分配

我们可以从三个角度看权力（见表 5-1）。

① 分配：权力是"给予"。这个角度表明权力是有限的，如果分给别人你就会丧失权力。

② 创造：权力是"进行创造"。这个角度表明当两个或更多人共同分享信息、权威和责任时，总体权力会增加。

③ 创造性分配：权力是"无限"的。当人们互相影响的时候，权力会无限增大。

表 5-1　三个角度看权力的对比

权力视角	我该如何做	你要如何做	总价值
分配（得／失）	我把权力给你，价值 -1	你从我手中得到权力，价值 +1	-1+1=0
创造（得／得）	我和你共享信息，价值 +1	你和我共享信息，价值 +1	1+1=2
创造性分配（得／得／共享）	我们相互影响而且影响他人，价值 >1	我们相互影响而且影响他人，价值 >1	(>1) + (>1) = 无限

在授权组织中，如果一方控制另一方，权力就会减少；如果每个人都通过创造、发展权力且对权力进行分配来实现个人与集体的目标，权力就会增加。

我们可以将权力分配不恰当的组织比作在恶劣天气中航行的技术生疏的水手。他站在舵前，双膝发紧，身体僵直。一旦遇到大浪，他就会跌倒，而且越来越感到无能为力，每一次颠簸，他都要非常吃力才能站稳，在结束这次旅程后，他会筋疲力尽。

然而，对权力进行创造性分配的组织恰恰相反。它像在大风大浪中航行的技术娴熟的水手，膝盖弯曲且全身放松。他的身体随着船在摆动，他的操作顺势而为，他不仅可以保持平衡，而且能对大风大浪应付自如并精力旺盛。这种机制可以欣然接受竞争所带来的挑战，可以在任何环境中生存。显然，这种机制需要的是忠诚、有参与意识而且能迎接挑战、善于挑战的船员。

恰当的与不恰当的权力分配对比如表5-2所示。

表5-2　恰当的与不恰当的权力分配对比

恰当的权力分配	不恰当的权力分配
管理者是教练或助手	管理者是英雄或是恶棍
权力依据当前工作所需的变化而不断转移	领导权是静态的，权力始终被控制在管理者手中
员工和管理者希望共同寻找解决的方案	员工希望管理者提出全部的解决方案
两个人对他人的权力都在增加，组织中的权力是无限的	一个人拥有对其他人的权力，组织中的权力是有限的

5. 授权意味着共同承担责任

在授权的过程中如何分担责任呢？

① 从小处着手。

② 保证正确开始工作。

③ 决定由谁来做、做什么、何时做。

④ 制订工作计划。

⑤ 确立工作日程。

⑥ 不要害怕修改计划。

⑦ 不要害怕没有修改计划。

⑧ 结束后回顾一下，然后庆祝一番。

分担责任前后对比如表 5-3 所示。

表 5-3　分担责任前后对比

分担责任之前	分担责任之后
决策权完全掌握在管理者手中，信誉和责任落在管理者头上	决策权与具有专门经验和需要的员工共享
信息资源归属管理者	信息在所有员工中流动
管理者被老板视为唯一可信赖的人，负重感很强	管理者负担减轻了，与员工更加信任了
管理者要始终坚守岗位	双方共同协商，解决问题

6. 如何有效授权

有效的授权必须考虑的问题是：将权力授予谁？授予什么权力？什么时候授权？

授权要在一定的规章制度范围内，明确授予某人决策和行动的权力。你可以在某些时候给所有人授权，在所有时候给某些人授权，但是你不能在所有时候给所有人授权。

（1）授权给谁

权力的授予是从上而下的，所以被授予权力的肯定是下属。但下属不止一个，授权给谁呢？掌握了以下两个原则就不用犯愁了。

① 逐级授权的原则。

授权应该在直接上级和他的直接下级之间进行，不能越级授权。例如，董事长应直接向总经理授权，而不能越过总经理直接向部门经理授权。越级授权势必使中间管理层被架空，造成权力紊乱，破坏了上级和下级之间正常的工作关系。

② 量力授权原则。

被授权者的能力大小和知识水平高低是授权的依据，不能只是为授权而授权，权力只能授予那些有能力运用所授权力的人。找不到合适人选时，宁可不授权。

（2）授予什么权力

① 授权有度。

在对下属进行授权之前，要先明确哪些是必须由管理者亲自处理的，哪些是可以委托他人的。

凡属于下级职权范围内的，都要放还给下级；那些分散管理者精力的事务性工作、上级和下级都可以支配的边界权力等，都可以下授。

> 你可以在某些时候给所有人授权，在所有时候给某些人授权，但是你不能在所有时候给所有人授权。

有些虽是属于管理者工作范围，但下级也能办好的事情，可以授权给下属。但属于领导者核心能力的权力，是绝不能授予下级的，如事关全局的决策权等，是下属不可能代替的，管理者要牢牢把握。

② 授权不同于参与。

参与只是表示员工对决策的形成产生影响，但仍是被告知去做什么；授权则是决策权的下移，管理者不是在分配任务，而是在为个人或组织设定要达到的目标，员工则可以用他们自己认为最好的方法，用他们所拥有的能力去完成任务。

（3）授权的时机

成功的授权者往往会在出现下列情况时进行授权：

① 管理者要进行计划和研究却觉得时间不够。

② 管理者在办公时间内几乎都在处理例行的公事。

③ 管理者在工作时频繁被下属的请示打扰。

④ 下属因工作闲散而绩效低下。

⑤ 下属因缺乏决策权，使公司错过赚钱或提高公众形象的机会。

⑥ 管理者因大权独揽而引起上级和下级关系不和。

授权是管理者工作的一种艺术，是一种通过别人完成工作的艺术，如果能好好把握，会让管理者从繁杂的事务中解脱出来，达到事半功倍的效果。

┃思考┃

某管理者有三个下属，A 是一名中年男子，成熟、稳重；B 是一名年轻小伙子，充满活力；C 是一名中年妇女，有丰富的工作经验。现在要进行销售授权，如果你是管理者，你会选择谁呢？

技能点 2
进行持续不断的有效沟通

员工和经理通过沟通共同制定了绩效目标和计划，但这并不意味着此后的绩效执行过程就一帆风顺了。我们要问这样几个问题：员工会完全按计划开展工作吗？计划考虑到全部需要考虑的问题了吗？很显然，答案是否定的。在执行过程中也需要持续地沟通。

1. 为何要进行沟通

管理者与员工进行持续不断沟通的目的如下。

（1）通过沟通随时对计划进行调整

俗话说，计划赶不上变化。如今竞争加剧，变化因素也在不断增加。在绩效起始时制订的绩效计划有可能会随着环境因素的变化而变得无法实现，因此，管理者和员工要不断地沟通，以便对绩效计划进行调整，使之更加适应环境的变化。

（2）让员工了解到在执行计划过程中需要的信息

员工在执行计划时需要了解两类信息。

① 关于解决工作中困难的信息。

由于工作环境的多变，员工的工作也变得复杂，以至于员工在制订绩效计划时很难预见到所有的困难和障碍。员工不希望在遇到困难时孤立无援，他们希望管理者能给予相应的指导和帮助。

② 关于自己工作做得怎样的信息。

员工都希望能随时得到关于自己绩效的反馈信息，以便不断改进自己的绩效和提高自己的能力。

（3）让管理者及时掌握自己需要知道的信息

管理者需要在员工完成计划的过程中及时掌握工作的进展情况，了解员工在工作中的表现和遇到的困难，协调团队工作，对员工进行经常性指导。管理者经常不断地指导，使员工一开始就能把工作做正确，省却花大量解决问题的时间。

2. 持续沟通的内容

在开始沟通之前，管理者和员工要反思这样的问题——

管理者：我要从员工那里得到什么信息？我应给员工提供什么信息和资源以帮助员工完成工作目标？

员工：我要从管理者那儿得到什么资源和信息？我需要管理者提供什么信息以保证更好地完成工作目标？

由此我们可以看出，管理者和员工希望通过沟通共同找到与达成目标有关的一些问题的答案。

因此绩效沟通的主要内容包括以下方面（见图 5-1）。

① 工作进展情况如何？

② 团队和员工是否在正确达成目标的轨道上运行？

③ 如果产生了偏离方向的趋势，要采取什么样的方式来扭转这种局面？

④ 哪些方面的工作进行得好？

⑤ 哪些方面的工作遇到了困难和障碍？

⑥ 依据目前的情况，要对工作目标和达成目标的行动做出了哪些

调整？

　⑦ 管理者可以采取哪些行动来支持员工？

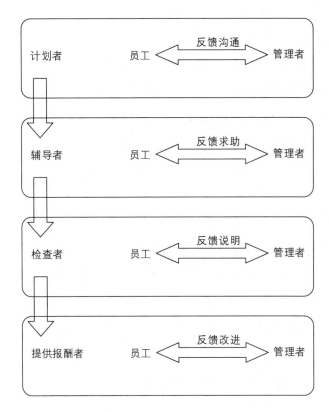

图 5-1　持续不断的沟通

3. 沟通的方式

沟通有各种各样的方式，如书面方式、会议方式、谈话方式等。每种沟通方式都有自身的优点和缺点，都有最适用的情境。所有沟通方式主要可以分成正式和非正式沟通两种方式。

（1）正式沟通方式

正式沟通方式就是事先安排好的，在正式的情境下进行的，按照一定的规则进行的沟通。

① 书面报告。

这是正式沟通中较常用的一种，即由员工使用文字或图表的形式向管理者报告工作情况。书面报告可以是定期的，如周报、月报、年报、工作日志等，也可以是不定期的。

书面报告的优点表现在：

- 可以提高员工理性、系统考虑问题的能力，提高工作中的逻辑性。
- 可锻炼员工的书面表达能力。
- 可在相对较短的时间内收集到大量的员工工作状况信息。
- 在主管和员工因故不能见面时，发挥作用。

当然，书面报告也有不尽如人意的地方：

- 它是从员工到管理者的单向传递的过程，缺乏双向的信息交流。
- 大量的文字会使沟通流于形式，员工也会由于浪费时间而感到厌烦。
- 只实现了单个员工和管理者的信息交流，没有在团队中实现信息共享。

对于以上书面报告的缺陷，可以采取下面的方式来弥补：

- 将书面报告与面谈、会议等方式相结合，将单项的沟通转变为双向的沟通。
- 简化书面报告中的文字工作，只保留很必要的内容。
- 充分利用现代化的信息交流方式，如网络办公等，提高书面报告的交流速度和效率。

② 会议沟通。

书面报告没有面对面沟通的机会，而会议沟通在此方面就具有了不可替代的优势。

会议沟通的优势在于：

- 增加了直接沟通的机会，满足团队交流的需要。

- 管理者可以借开会的机会将公司战略目标等信息传递给员工。

会议沟通的劣势在于：

- 比较耗费精力和时间，且要求管理者具有较高的沟通技巧。
- 有些问题是不适于在会议中讨论的。
- 与会者因自身需求不同，会对沟通中的信息进行选择性过滤。
- 如安排不好，会影响员工工作。

在会议沟通中，要尽量把握以下原则：

- 针对不同员工召开不同会议。
- 运用沟通技巧形成开放沟通的氛围，不要成为批判会。
- 合理安排时间，以不影响员工工作为宜。
- 在会上讨论一些共同的问题，不要针对个人。
- 鼓励员工自己组织会议。

③ 面谈沟通。

管理者和员工一对一的面谈沟通有许多优点：

- 可以使管理者和员工较深入地沟通。
- 因信息可保持在两个人的范围内，所以可以谈论一些不宜公开的问题。
- 可以给员工一种受到尊重的感觉，有利于建立管理者和员工之间的融洽关系。
- 管理者可以因人制宜地给予员工帮助。

但在面谈时要注意：

- 不能仅谈论员工的工作，更要让员工知道他们所做的工作与组织目标的联系。
- 管理者应尽量让员工多谈自己的想法和做法，尽量了解员工的真实想法。
- 及时纠正员工无效的行为和想法。

• 让员工了解到，管理者在绩效管理中既不能对员工听之任之，也不能代替员工做决策。

（2）非正式沟通

对于员工来说，他们对任何形式的正式沟通都会感到紧张，以至于许多真实想法都无法表达。而采用非正式沟通方式，更容易让员工真实地表达自己。非正式沟通无处不在，可以说除了正式沟通以外的沟通都是非正式沟通。午餐时、咖啡厅里都是非正式沟通的时机和场合。它的优点如下：

• 形式多样灵活，不用刻意去准备，不易受时间和空间限制。

• 解决问题及时。

• 员工喜欢接受，比较有效。

• 容易拉近管理者和员工之间的距离。

非正式沟通主要有几种形式。

① 走动式管理。管理者在工作时，不时地到员工附近走动，与员工进行交流，解决员工提出的问题。这是一种比较容易奏效且常用的方式，管理者对员工及时的关心会使员工感到压力减轻。

管理者切忌过多干涉员工工作，不要指手画脚，否则会使员工感觉像突击检查，反而加重了心理负担。

② 开放式办公。开放式办公是指管理者的办公室随时向员工开放，只要没有客人或正开会，员工就随时可以进办公室与管理者沟通交流。

这种方法的最大优点是将员工置于比较主动的位置上。员工可根据自己的意愿，随时与管理者沟通，并可以较多地主导沟通内容。

③ 工作间歇时的沟通。

管理者可以在与员工共进午餐、喝咖啡时聊聊天，但注意不要谈论严肃的工作问题，可以找一些比较轻松的话题作为开始，自然而然地引入一些工作问题。

④ 非正式会议。

组织如联欢会、生日会等非正式的团队活动，管理者可以在比较轻松的气氛中了解员工，同时可以借此形式发现团队存在的一些问题。

4. 何谓良好的沟通

（1）良好的沟通≠达成协议

当一场争论持续进行了很久时，人们往往认为这是缺乏沟通导致的，然而调查表明，此时正进行着大量有效的沟通，每个人都能充分了解对方的观点。良好的沟通并不能使大家意见一致，我非常明白你的意思却不同意你的观点。作为管理者，就要广泛听取来自各方的不同声音，来弥补自己看问题的不足，从而做出正确的决策。

（2）良好的沟通≠传递信息和观点

管理者最常见的一个错误就是将良好的沟通与传递信息等同起来，因此管理者总是处于训话者的位置。即便出现了上情无法下达的情况，管理者还认为是没有表达清楚，始终扮演着"说"的角色。对信息和观点进行传达只是单向的沟通，像带着箭头的直线，有去无回，缺乏反馈。而良好的沟通是一条闭回线，将信息传递出去后，还会带着新的信息返回，是双向沟通。

能干的领导，就是喜欢听人讲话的强人。人生有两只耳朵、一张嘴，就是要多听少讲。作为管理者，必须学会变换角色，当好一名听众。

不懂沟通的管理者是不可能领导好高绩效的团队的，再完美的考核制度都无法弥补因管理者和员工缺乏沟通而带来的消极影响。良好的绩效沟通能及时排除障碍，最大限度地提高绩效。

小王是一家公司的部门经理，他手下有10名员工。公司对员工绩效进行管理的方法是要求员工每月末向主管经理上交一份月报，之后主管经理再根据月报的内容与员工进行 15 分钟左右的沟通。在开始时，员工都能准时将月报交上来。但当公司业务逐渐进入高峰期后，大家的工作都变得异常繁忙，上个月就有 6 名员工没按时上交月报，这个月又只有 3 名员工上交月报，小王不知如何是好。

　　小王认为员工不能按时上交月报一定是自己的原因，或者是月报这种沟通形式本身的问题。在与员工的面谈中，员工的意见也是"我们忙得没时间""有些事当面说清楚就好了，没必要再写成报告了"这迫使小王认真思考如何找到更有效的沟通方式。

技能点 3
做好绩效信息的收集和记录

管理者在整个绩效管理过程中，往往会把更多的注意力放在对绩效的考核上。然而，我们不妨思考一下，要客观、公正地做绩效考核，需要什么做依据呢？绩效数据的收集和记录过程是为绩效考核准备信息的。在绩效管理实施过程中，一定要对被评估者的绩效表现做观察和记录，收集必要信息。

1. 为何要记录和收集绩效信息

第一，为绩效考核提供事实依据。在绩效考核时，我们将一名员工的绩效判断为"优秀""良好"或"不合格"，需要有证据做支持。这绝不是凭感觉，而是要用事实说话的。收集和记录的绩效数据，就可以作为对员工绩效诊断和绩效考核的重要依据，也可作为晋升、加薪等人事决策的依据。

第二，提供改进绩效的事实依据。我们进行绩效管理的目的就是改进和提高员工的绩效和工作能力，那么当我们对员工说"你在这些方面做得不够好"时，需要结合具体的事实向员工说明其目前的差距及需要如何改进和提高。这样可以让员工清楚地看到自己存在的问题，有利于他们的改进。

第三，发现绩效问题和优秀绩效的原因。对绩效信息的记录和收集还可以积累一定的突出绩效表现的关键事件，例如，记录业绩好的员工的工作表现和绩效差的员工的一些工作表现，可帮助我们发现优秀业绩背后的原因，并可以利用这些信息帮助其他员工提高绩效，把工作做好。

第四，在争议中保护利益。保留翔实的员工绩效记录也是为了在发生争议时有事实依据。既可以保护公司利益，也可以保护当事员工的利益。

> 在绩效管理实施过程中，一定要对被评估者的绩效表现做观察和记录，收集必要信息。

第五，可以尽早发现潜在的问题，及时与员工进行沟通，帮助员工改进工作方式。

2. 收集绩效信息的方法

（1）观察法

管理者直接观察员工在工作中的表现，并加以记录。例如，管理者看到员工热情地接待客户等，就是通过直接观察得到的信息。

（2）工作记录法

员工工作目标的完成状况有时是通过工作记录体现的，如财务报表中体现出来的销售额数量、整装车间记录下的废品个数等，都是日常工作记录中体现出来的绩效情况。

（3）他人反馈法

员工有些工作业绩表现不是管理者能直接观察到的，在同样缺乏日常工作记录的情况下，就要采用他人反馈的信息。

（4）定期抽查法

定期抽查生产、服务的数量、质量，用以评定工作期间的工作表现。

（5）项目评定法

采用问卷调查的方式，指定专人对员工逐项进行评定。

（6）关键事件记录法

将员工特别突出或异常失误的情况记录下来。这种方法有利于管理者对员工突出的业绩及时进行激励，对员工存在的问题及时加以纠正。

（7）减分搜查法

按职位要求规定应遵守的项目，制定违反规定后扣分的方法，定期进行登记。

（8）指导记录法

不仅将员工异常的行为记录下来，而且将管理者的意见和员工的反应也记录下来，这样既可考察员工，又可以考察管理者的领导工作。

3. 收集绩效信息的内容

收集绩效信息是很重要的，因为我们不可能对所有员工的绩效表现都做出记录，因此要有选择地收集。应收集哪些绩效信息呢？你可能像一个疯狂的集邮者一样收集和记录信息，但这并不是聪明的做法。要确保收集的信息与关键绩效指标密切相连，所以在收集信息之前要先回顾关键绩效指标。

> 要有目的地收集数据，不要在不知道为什么收集数据或不知道数据用途的情况下收集数据。要记住，在收集数据前一定要搞清楚为什么收集这些数据及如何使用。

① 确定绩效考核好坏的事实依据。

② 收集来自业绩记录的信息。

③ 收集由主管人员观察得到的信息。

④ 收集来自他人评价的信息。

⑤ 找出业绩问题的原因。

⑥ 查明绩效突出的原因，这可以帮助那些从事相似工作的员工提高工作绩效。

⑦ 为确定员工是否达到了他们的工作目标和标准提供依据。

⑧ 收集目标达到或未达到的情况。

⑨ 找出证明绩效突出或低下所需要的具体证据。

⑩ 收集对你的员工找到问题或成绩原因有帮助的其他数据。

⑪ 收集同员工面谈的记录。

⑫ 收集关键时间的数据。

⑬ 收集来自客户的积极和消极的反馈信息。

4.收集绩效信息时应注意的问题

（1）让员工亲身参与信息的收集过程

管理者通过观察得到的信息可能不完整或具有偶然性，教员工学会自己做工作记录是解决这个问题的较好方法。绩效管理是管理者和员工双方共同的责任，因此，让员工参与绩效数据的收集过程中可以体现员工的责任。而且，自己记录的信息比较全面，员工也容易接受。

但要注意的是，员工做记录时往往会有选择性地收集情况，或是报喜不报忧，或是体现成就，对不成功的事回避，或是夸大工作中的困难。所以管理者要明确地告诉他们收集哪些信息，最好采用结构化的方式，将员工选择性收集信息的程度减到最小。

（2）要有目的地收集信息

在收集信息之前，一定要搞明白为什么要收集这些信息。如果收集来的信息没有什么用处，实在是对人力、物力的一种浪费。

（3）可以采用抽样的方法

既然不可能一天8小时地观察员工，那就不妨采用抽样的方法。抽样就是从一名员工全部的工作行为中抽取一部分工作行为做出记录。抽取出来的工作行为叫样本。我们可以采用固定间隔抽样法、随机抽样法、分层抽样法等。

（4）要把事实与推测区分开

管理者应收集那些实施的工作的绩效信息，而不是对工作的推测信息。通过观察可以看到某些实际行动，而行为背后的动机和情感则是推测得出的。

（5）进行数据的收集和记录

管理者与员工保持绩效沟通的同时，还有一项重要的工作就是进行数据的收集和记录，为下一阶段公正地评价员工的绩效水平提供依据。

　　小王是一家公司的销售员，小李是他的老板。一天小李路过小王的座位时，正巧小王在打电话。小李注意到小王正在询问买了产品的客户使用产品的情况："您觉得用起来怎么样？""您觉得我们的产品还有哪些需要改进的方面吗？""除了我们的产品，您还用过其他品牌的产品吗？"他看到小王认真地记录下客户的意见。过了几天，一份整理完好的客户意见调查报告就呈现在小李的办公桌上了。小李发现，小王对客户使用产品的意见进行了详细的总结和归类，并且有自己的分析意见，这些意见对产品的改进有很大帮助。

技能点 4
组织和团队绩效要与员工绩效结合

绩效管理是一把"双刃剑"，要善用之，慎用之。部门、团队及岗位的设置目的是为了有效保证组织目标的实现，员工绩效是组织和团队绩效的组成部分，因此，应当将员工绩效和组织绩效充分结合，在管理环节中予以综合考虑。

1. 为何要实现组织绩效和员工绩效的结合

有一些工作的绩效结果可能并不会从员工的工作绩效中得到体现，而是从部门、团队的绩效中予以反映的，尤其是"夹缝"中的工作和需要部门、团队整体合作才能完成的工作。如果仅针对员工个人的工作表现进行考核，必然会埋没组织的贡献，长此以往，员工就会滋生"个人英雄主义"思想，忽视对组织绩效的责任感。因此，要摆正员工和组织的关系，尤其在员工个人绩效和部门绩效发生冲突的情况下，二者绩效的合理评价和密切结合是最好的解决途径。

员工之间存在的素质差异和管理者之间存在的管理水平差异，必然会导致部门之间整体绩效产生差异，管理者对下属及员工对自身的要求也有所不同，这种差别必然会延伸到绩效考核的过程中。

管理者在绩效考核中如果不能正确面对这种差异并给予重视，势必使员工产生不公平的感觉，从而产生以下三种结果。

① 整体绩效相对优秀的部门管理者为了维护本部门员工的积极性和相对公平性，必定会采取一些方法缩短本部门与部门平均绩效水平的差距，从而对自己及下属员工的工作标准降低要求，以寻求与其他部门的相对平衡，这样会使员工失去追求更高目标的热情和动力。

② 部门绩效相对较差的员工因为薪酬水平和部门绩效高的员工没有差别，考核结果对其没有压力，就不会主动持续改进自身所存在的问题，以致工作难有提升。

③ 员工思考及处理问题只从自身岗位出发，当自身绩效与组织绩效产生冲突时，顾小不顾大。

以上三种结果的产生，都将会使绩效考核工作流于形式，员工会回到"大锅饭"的年代，从而阻碍部门、团队的持续发展，造成部门目标难以顺利实现，使整个组织发展停滞。

善用绩效管理能最大程度地激发员工的热情，发掘员工潜力，使其最大限度地为企业创造价值，促进企业持续发展。但如果用之不慎，就会产生极大的隐患。只有将组织绩效和员工绩效进行综合考核，才能在一定程度上缓解这个问题。

2. 整体思路

在绩效管理的全过程中，要将部门绩效与员工绩效紧密联系，让员工清楚地了解，只有组织总体绩效获得提升，员工个人的绩效才能得到充分的肯定；帮助员工树立依托组织获得发展的观念，促使员工与组织结成利益共同体，最终实现组织和员工共同发展。

3. 考核内容、考核角度、考核权重的确定

① 关键绩效结果的考核（60%）：根据公司的整体战略及设置的部门目标，找出创造了部门80%价值的那20%的工作内容，并通过客观

科学的量化标准对其结果进行考核。考核内容、考核指标及考核标准由管理者和员工共同确定。

②过程控制指标及部门计划执行情况的控制指标的考核（10%）：由考核操作部门根据各部门计划送呈的及时性、计划的推进情况和信息反馈情况，依据事先所确定的考核标准实施。

③组织建设指标的考核（10%）：主要包括规范管理、组织气氛、下属培养、部门沟通、团队意识等相关内容，由部门自行提出考核期的实施计划和考核标准，报管理者通过后实施。

④费用控制指标的考核（10%）：由财务部门确定预算及考核标准并实施考核。

⑤公共评议指标的考核（10%）：包括服务意识、规范管理、组织气氛、职能界定等，由相关部门进行评价。

4. 考核结果的评定

以"百分制"记分法将考核结果汇总，依据部门最终的考核得分从高到低依次排名，按以下比例将部门绩效分成四个考核等级。

①先进部门——占10%。

②良好部门——占30%。

③合格部门——占50%。

④基本合格部门——占10%。

5. 利用调节系数将组织绩效和员工绩效紧密相连

组织绩效和员工绩效的关系可以用一个公式来表示，即：员工最终业绩考核得分 = 员工业绩考核得分 × 部门绩效调节系数。

部门绩效的调节系数的如下：

先进部门：部门主管的调节系数为1.8，其他员工的调节系数为1.5。

良好部门：部门主管的调节系数为1.5，其他员工的调节系数为1.2。

合格部门：部门主管和员工的调节系数均为1。

基本合格部门：部门主管的调节系数为0.6，其他员工的调节系数为0.8。

将组织绩效和员工绩效紧密结合，把组织绩效一并放到绩效管理的考虑范围中，会使公司充满活力。

某公司对员工实施季度绩效考核时，普通员工的考核权重设置为：直接主管考核占60%，关联单位平级考核占20%，二级主管考核占20%。考核结果公布，行政部的A最终得分78分，销售部的B最终得分83分。A知道后觉得很委屈，认为无论工作绩效和能力，自己都不比B差，因而向公司人力资源部提出申诉。

公司对A和B的考核情况进行了全面、细致的调查和了解，结论如下。

第一，考核过程中，考核者对A和B的考核均是按制度所规定的操作程序和考核标准进行的，不存在舞弊现象；在与直接主管沟通后，A对考核结果是认同的，所谓"不服"，只是A在对B的结果进行比较的基础上产生的。

第二，部门主管对下属员工的考核是以本部门的整体绩效和员工综合表现为基础的；和销售部相比较，在工作绩效、员工能力、工作态度等方面，行政部均相对领先于销售部，从而使两个部门的主管对员工实施考核时所采用的实际考核标准有所差别。

第三，从各方面调查得知，无论是工作绩效、工作能力还是工作态度，A的确比B优秀。

第四，虽然二级审核对A的绩效结果有所调整，但由于二级审核所占权重不大，所以调节作用不明显。

　　这是很为难的局面：一方面是制度的严肃性，一方面是考核结果的相对不公平性，由于各部门考核所依据的"实际考核标准"的相对差异，"A、B 现象"并不是个案。如果将 A 的考核结果予以调整，势必牵扯较广的层面，给绩效考核带来较大的负面影响。

　　这个现象给公司提出了严峻的课题：考核的方法是根据人力资源管理理论并结合公司实际情况制定的，已经过人力资源管理专家认可，应该说是科学的。现在解决问题的思路是如何将组织绩效和员工绩效合理紧密地结合起来，这才是问题的关键。

第六章

使用绩效考核方法

传统考核大多是作为一种对员工的控制手段而存在的，充满了维护上司权威的色彩。现代考核已打破了传统的桎梏，密切地融入人力资源管理的各项活动中，成为整个绩效管理中不可或缺的部分。

绩效考核能帮助企业合理地配置人员，做好人力资源规划，发现企业中存在的问题，帮助员工改进工作等。

难怪有人说，员工考核在人力资源管理中的作用就好比调味料，无论你想做好哪道菜，都离不开它。

技能点 1
传统绩效考核方法

现在企业在用传统方法对员工进行绩效考核时，通常使用排序评价法、关键事件法、行为锚定法等方法。

1. 排序评价法

排序评价法是一种古老而又简单的考核方法，它类似于学校里的"成绩排名单"。这种方法根据一个考核要素，将全体员工的业绩从高到低排序，简单易行。

具体做法是，将需要进行考核的所有员工名单列出来，使之显示出来哪名员工表现是最好的，哪名员工是表现最差的；然后在剩下的员工中再挑出最好和最差的。以此类推，直到所有被考核的员工都被排列完成。

这种方法的缺点在于，当被考核人员较多时，要准确地将他们依次排序，费时费力，而且效果也不一定好。另外，如果工作性质存在差异，或跨部门进行，就很难适用。

2. 两两对比法

两两对比法是将所有被考核者根据某一要素与其他人一一进行比较，最后将被考核者的成绩按从高到低排列。

这种方法会受到考核人数的制约，当有大量员工需要考核时，这种方法就显得浪费时间了。当被考核者有 n 人时，按照两两对比法要进行配对比较 n（n-1）/2 次。

3. 强迫分配法

强迫分配法是根据事物呈正态分布的规律，把考核结果预定的百分比分配到各部门，各部门再根据自己的规模和百分比来确定各个档次人数。

表 6-1　考核分类

分类	优秀	良好	合格	不合格
比例	15%	30%	40%	15%

这种方法比较简单，也相对公平，而且由于它遵循正态分布的规律，所以它可以避免考核者把主观因素加入考核过程，造成的宽松或严格等主观误差。它适用于规模较大的组织。

这种方法的缺点是考核结果往往不能做到完全实事求是和客观公正，而且假设与实际差异较大时，考核的准确度会受到质疑。只有把员工表现与工作标准相对比，结果才更具有客观性。

4. 考核清单法

考核清单法可以分为简单清单法和加权清单法。

（1）简单清单法

简单清单法是考核者结合工作说明书和与工作业绩优劣相关的典型行为，列出考核清单条目，然后逐条对照被考核者的实际工作情况，将两者一致的地方打"√"即可。

例如，下面就是考核清单中的一部分。

① 工作不认真，忽视操作责任。（　　）

② 严格遵循操作规则，推动和改进操作规范。（　　）

③ 工作非常勤奋，有时能超额完成工作。（　　）

④ 脾气暴躁，经常与同事发生冲突。（　　）

⑤ 能力强，对所从事的工作得心应手。（　　）

⑥ 对完成职责内的工作感到勉强。（　　）

考核者只要按照被考核者的实际行为选择就行了。

（2）加权清单法

我们可以列举出很多对会员工绩效产生影响的因素，每一个因素对员工绩效的影响是不一样的。因此，为了考核结果的精确性，应对所涉及的因素赋予权重。

5. 量表评价法

量表评价法是绩效考核中用得最普遍的方法，它和考核清单法在本质上比较接近。但考核清单法必须用文字描述，量表评价法则可以只用纯数字而不附文字，让考核者勾选即可。这种方法适用于不同的被考核者，而且考核既定性又定量，比较全面。

具体做法：先设计等级考核量表，列出要考核的绩效因素，再把每一个绩效因素分成若干等级并给定相应的分数，说明每个等级的具体含义，在打分评级后加总得出考核结果。

量表评价法简单易行，但在考核过程中容易出现趋中误差，考核者通常会给出中间等级的分数，而且由于不同的考核者对考核因素的理解不同，会影响考核的客观性。

6. 关键事件法

在关键事件法中，每个被考核的员工都有一本"工作记录"，上面记载着员工在日常工作中突出的、与工作绩效密切相关的事件，可以是极好的事，也可以是坏事。关键事件一般由员工的主管进行记录，在记录时，管理者应着重于对事件或行为的记载，而不是对员工进行评论。例如，记载"2019 年 1 月 6 日，×××（员工姓名）对客户提出的关于产品质量的问题，热情而耐心地解释，使客户满意而归"，而不是抽象地记"××× 工作认真负责"。这些事实依据使得对员工的考核真实可靠。

关键事件法的优点在于以下两点。

① 它以员工在整个考核期的行为为基础，避免了考核中的近期化误差。

② 它依据的是员工日常工作状况的记录，使考核中会出现的各种考核者的主观误差得到较好的控制。

这种方法也有不足之处：

① 不同的管理者对"什么是关键事件"的界定不同。

② 给员工做工作记录会花费管理者很多时间。

③ 可能使员工将注意力过多集中在管理者写的内容上，对工作记录产生抵触，不利于考核的实施。

7. 行为锚定法

行为锚定法根据关键事件法中记录的关键行为设计考核用的量表，这实际上是一种将量表评价法和关键事件法结合起来的方法，兼具两者之长。行为锚定法的步骤如下：

第一步：获取关键事件。请对工作较了解的人对一些代表性的关键事件进行描述。

第二步：建立绩效考核等级，然后由这些人将关键事件合并为几个绩效要素，并对要素的内容加以界定。

第三步：对关键事件重新分配。由另外一组同样对工作较了解的人来对原始的关键事件进行排列，将这些关键事件分别放进他们认为最合适的绩效考核要素中去。如果就同一关键事件，第二组中 50% ~ 80% 的人将其放入的要素与第一组人的意见相同，则这一关键事件的最后位置就可以确定了。

第四步：对关键事件进行评定。第二组人对关键事件中所描述的行为进行评定，以判断它们是否能有效地代表某一工作绩效要素所要求的绩效水平。

第五步：建立最终的工作绩效评价体系。对每个考核要素来说，都会有一组关键事件作为其"行为锚"。"行为锚"是很关键的，所以为确保其真正具有代表性，应注意以下两点：

第一，认真确定参加量表编制的人选。

第二，实行"背对背"的编制原则。编制量表虽然是一个集思广益的过程，但在设计初期，编制人员应"背对背"，独立思考，不许交流，以免扰乱思维。直到各自将所设计的结果公布后，再进行充分讨论。

8. 评语法

评语法是我国常用的一种考核方法，即通过一篇简短的书面鉴定对员工进行考核的方法。鉴定的内容包含被考核者的优点和缺点、对被考核者的希望和建议等方面。格式、重点等由考核者自由把握，不存在标准规范。它操作灵活，反馈简洁，所以颇受欢迎。

但这种方法只是从总体上对员工进行考核，各被考核者之间很难做比较，不利于决策。另外，考核中没有具体的标准和量化的数据，易受考核者个人情感和偏好的影响，使考核结果失真。

这些方法目前在企业中仍被广泛地应用着，了解了各种方法的操作步骤、优点、缺点后，在实际应用时，就要扬长避短，根据企业的实际情况进行选择。

美国通用电气公司运用"关键事件记录法"对员工进行绩效考核。该公司设立了一个委员会，专门领导这项工作。委员会根据公司的实际情况，制定了如体质条件、身体协调性、了解和维护设备的情况、与他人相处能力、工作积极性、理解力等考核条件。

通用电气公司采用了这一考核方法后，出现了令人吃惊的效果：员工的有效行为越来越多，公司的效益也直线上升。正如人力资源部经理所称，"大多数员工并不愿意做错事，如果主管能不厌其烦地指出员工的不足，他们会设法纠正。"

| 思考 |

根据本书介绍的量表评价法，结合你的企业的实际状况，完成下表。看看哪里不适用，可以进行适当的调整，使其更好地为公司服务。

表6-2 量表评价

| 员工姓名： | | 职务： | | 考核日期： | |
| 工作部门： | | 工号： | | 考核人： | |

工作绩效维度	绩效等级				
	最差（1分）	差（2分）	中（3分）	良（4分）	优（5分）
质量					
数量					
纪律					
设备维护					

（续表）

工作绩效维度	绩效等级				
	最差（1分）	差（2分）	中（3分）	良（4分）	优（5分）
创新					

考核意见：	最差：不能完成任务
考核人签名：	差：勉强完成任务
员工签名：	中：基本完成任务
人力资源部审核意见：	良：完成任务较好
员工意见：	优：完成任务特别出色
负责人签名：	

技能点 2
平衡计分卡绩效考核法

多年以来，管理者们一直在寻找一种工具，希望它能科学地衡量企业的无形资产在创造持续的经济价值方面所起到的作用，这里所说的无形资产包括客户关系、创新、质量、员工积极性和能力等。平衡计分卡就是这样一种工具。实施平衡计分卡，至少半个年度要有一次模拟考核，以便发现问题，解决问题，确保年度目标的实现。

1. 解读平衡计分卡

平衡计分卡包括财务指标和非财务指标，在不同类别中综合考虑这些指标，可以确保企业不仅关注过去的财务结果，而且注重企业的业务战略和未来的绩效（见图 6-1）。

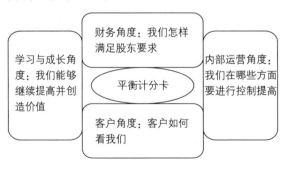

图 6-1　平衡计分卡

平衡计分卡最大的特点是"平衡"。这种"平衡"体现在以下四个方面。

① 外部衡量和内部衡量之间的平衡。

- 外部——股东和客户。

- 内部——流程和员工。

② 所要求的结果和结果的执行动因之间的平衡。

- 结果——利润、市场占有率。

- 动因——新产品开发投资、员工培训。

③ 定性衡量和定量衡量之间的平衡。

- 定性——客户满意度、时效性。

- 定量——利润、员工流失率。

④ 长期目标和短期目标之间的平衡。

- 长期目标——客户满意度、员工培训成本和次数。

- 短期目标——利润。

2. 实施平衡计分卡的步骤

① 建立企业的愿景与规划。企业的愿景与战略要简单明了，并对每个部门都有意义，使每个部门都可以采用一些绩效标准衡量。

② 成立平衡计分卡小组，负责解释企业的愿景和战略，并建立财务、客户、内部运营、学习与成长四类具体的目标。

③ 为这四类目标找出恰当的衡量标准。

④ 加强企业内部的沟通与教育。可通过定期或不定期的刊物、公告、会议等，让各级管理者了解公司的愿景、战略等。

⑤ 确定每月、每季度、每年的业绩衡量指标数字，并与企业的计划和预算相结合。

⑥ 将每年的报酬奖励制度和平衡计分卡挂钩。

⑦ 经常采纳员工意见，积极修正平衡计分卡。

实施平衡计分卡，至少半个年度要有一次模拟考核，以便发现问题，解决问题，确保年度目标的实现。

3. 应用平衡计分卡的四个注意事项

若想成功地实施平衡计分卡，就应注意以下问题。

（1）切勿照搬其他企业的模式

不同企业有各自不同的背景和战略任务，所以平衡计分卡的四个方面的目标和衡量标准皆不相同。因此，每家企业都应开发具有自身特色的平衡计分卡。

（2）提高企业管理信息质量的要求

与欧美企业相比，我国企业对信息的精确度和质量要求相对偏低，这在很大程度上会影响到平衡计分卡应用的效果。

（3）正确对待投入成本与获得效益之间的关系

平衡计分卡的四个层面是彼此相连的，要提高其中一方面，就要改善其他三方面。要改善就要投入，所以在实施平衡计分卡时首先出现的是成本而非效益。更重要的是，效益的产生往往滞后很长时间，使投入和产出、成本和效益之间有一个时间差。所以，最关键的是在实施时不要一见到没有效果就失去信心，应将眼光放得更远些。

（4）执行要与奖励制度结合

企业中每名员工的职责都不同，平衡计分卡的实施可以使每个人的工作更具有方向性，从而增强每个人的工作能力和效率。为充分发挥平衡计分卡的功效，应在重点部门及个人层次上实施，使各层的注意力集中在各自的工作业绩上。这就需要将平衡计分卡的实施结果和奖励制度挂钩，注意对员工的奖励和惩罚。

4. 关于平衡计分卡的五个疑问

（1）为什么平衡计分卡包含四个指标

平衡计分卡所包含的四个指标中，财务指标是企业的最终追求和目标；要提高企业的利润水平，必须以客户为中心；要满足客户，又必须加强自身的建设，提高企业内部的运营效率；提高企业内部效率的前提是企业及员工的学习和创新。也就是说，这四个方面构成一个循环，通过适当的管理和评估促进企业发展。

（2）只能是这四个指标吗

这里所指的平衡计分卡针对的只是一般企业，所以在实际应用中必须结合企业自身的情况适当加以变通。

（3）平衡了什么

① 短期与长期的平衡：企业的目标是获取最大利润，企业要获得持续的收入而不是某一次的成功。平衡计分卡正是以战略的眼光，合理地调节企业长期行为和短期行为的关系，从而实现企业的可持续性发展。

② 财务与非财务的平衡：尽管利润是企业的最终目标，但财务指标与客户、学习创新等非财务指标密不可分。只有两方面都得到改善，企业战略才能得以实施。

③ 指标间的平衡：在设置权重上，四个指标应一视同仁。平衡计分卡是长期的战略评估，所以必须协调发展，使四个方面构成一个整体循环。

（4）平衡计分卡与 KPI 有何不同

KPI 的要素基本上是相互独立的，没有体现彼此的联系，在时间维度上也没有超前和滞后之分。它的分解与落实都以既定目标为核心的，因而不能突出部门或个人的特色及职能。而平衡计分卡是以总体战略为核心的。

（5）平衡计分卡有什么缺点

① 平衡计分卡的优秀增加了使用它的难度。

② 应用平衡计分卡，工作量极大。

③ 不适于个人使用。个人的绩效考核要求易于理解和操作，而平衡计分卡不具备这些特点。

某公司开始实施平衡计分卡考核法,在公司行政部门的强力推动下,人力资源部经理多次组织召开会议,大力宣传平衡计分卡在企业应用中的好处。同时,组织人力资源部全体员工深入各部门调研、协商、沟通了几个月,最终逐步达成共识,制定了完整的四大考核指标。人力资源部还制作了大量表格下发到各单位,并对相关人员实施了培训。

　　但没想到的是,项目一开始实施,问题就接踵而来。人力资源部员工感到困惑:指标的可行性根本无从考证,更无法监控。这家公司是个大公司,部门及二级单位加起来有几十个,每个单位提的意见加起来就有一大堆。人力资源部就像消防队,不断接到投诉,不断去救火。结果指标越调越乱,员工的抵触情绪越来越大。

　　其实许多企业实施平衡计分卡失败,并非平衡计分卡本身的问题,而是失败在考核上,因为企业的管理一定要建立在制度的安排上。所谓制度安排,即所有工作要有制度、有流程、有量化、有考核。离开了这个基础,平衡计分卡当然不可能成功。

技能点 3
360 度绩效考核法

360 度绩效考核法即进行全方位、多角度的考核（见图 6-2）。可以把这种考核方法设想为一个圆圈，被考核者处于中心，考核者分布在周围。这种方法就是要扩大考核者的范围，从不同层次的员工中收集考核所需的信息，从多视角对员工进行考核。它可以使各个考核者优势互补，尽可能地达到考核结果的公平公正。它与自上而下的传统考核方法的最大区别是，其信息来源的多样性使得考核更客观、更准确、更全面。

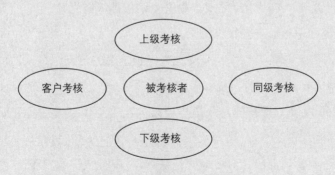

图 6-2　360 度绩效考核法

1. 360 度绩效考核法的程序

为了确保考核能达到预期目的，360 度绩效考核法对实施过程有着严格的要求。因此，必须根据企业的实际情况和需要，认真设计出正规的、有针对性的 360 度绩效考核方案和实施方案。

（1）第一阶段：考核项目的设计

先进行需求性和可行性分析，决定是否使用 360 度绩效考核法。在确定考核方法后，应设计定义问卷。这些问卷可以根据企业的特点编制，也可以直接向咨询公司购买，但绝不能简单地搬用，最好先做一些调查再决定采用什么问卷。

（2）第二阶段：培训考核者

组建起考核队伍。应注意对考核者的选择，无论是由被考核者自己选择还是上级指定，都应争得被考核者的同意，这样才能保证被考核者对考核结果的认可和接受。然后，对被选拔的考核者进行向他人提供评价和反馈方法的训练。

（3）第三阶段：实施 360 度绩效考核

实施阶段主要包括以下几个环节。

① 实施 360 度绩效考核要对具体实施过程加强监控和质量管理，实施标准化管理。如果未能完成，则整个结果都可能无效。

② 统计考核信息并报告结果。

③ 对被考核者进行如何接受他人考核信息的培训，可采用讲座、个别辅导等方法进行。与奖励、薪酬挂钩只是一个方面，特别要让员工体会到，360 度绩效考核的结果最主要是为改进工作绩效和发展职业生涯规划提供建议的。

④ 企业管理部门针对反馈的问题制订行动计划。这个环节可以请咨询公司独立进行信息处理和提供结果报告。这样做的优点是，报告的结果比较客观，并能提供通用的解决方案和发展计划指南。但企业的人力资源部门应尽量起到主导作用，因为每家企业都有自己特有的问题。

（4）第四阶段：反馈面谈

这个阶段要确定进行面谈的成员和对象，有效反馈考核结果，并帮助被考核者进行绩效改进和职业生涯规划。

（5）第五阶段：考核效果评价

① 确认执行过程的安全性。由于360度绩效考核中包括了下级、同事和其他人员的评价，所以要检查信息收集过程是否符合考核的要求。在信息处理时，还应充分考虑不同信息来源在评价准确性方面的差异。

② 评价应用效果。客观评价这种方法应用的效果，总结考核中的不足，为下次考核积累经验，从而使考核系统不断完善。

> 太多企业的绩效管理工作只注意了可考评性，而忽视了引导性，使绩效管理工作本末倒置。绩效管理应该与企业的愿景结合起来。

2. 360度绩效考核与其他绩效考核方法的比较

很显然，360度绩效考核不同于传统的、仅凭上级判断直接就做出结论的1度考核。1度考核可能存在以下不足：

① 直接上级的个人偏见将无法消除。

② 个人好恶的因素将不可避免。

③ 如果被考核者的直接主管缺乏对被考核者的观察与了解，所掌握的信息是不具体的，则考核的结果既不准确也无客观性可言。

④ 主管也许不愿得罪绩效不好的员工，不愿与这样的员工发生冲突。

⑤ 不同上级有不同的考核风格。

360度绩效考核法弥补了传统考核方法的不足。表6-3是360度绩效考核法同其他绩效考核方法优、缺点的比较。

表6-3　绩效考核方法的比较

考核方法	提供反馈和指导	分配奖金和机会	最小化成本	避免考核错误
强迫分配法	不好	不好或一般	好	一般
两两对比法	不确定	不好	好	不确定

考核方法	提供反馈和指导	分配奖金和机会	最小化成本	避免考核错误
量表评价法	一般	一般	一般	好
排序评价法	一般	一般	好	一般
行为锚定法	好	好	一般	好
目标管理法	非常好	不好	不好	好
关键事件法	不确定	不好	好	一般
360度绩效考核法	非常好	一般	一般	非常好

360度绩效考核强调的是多角度和有效沟通，不懂沟通的管理者是不能领导一个高绩效的团队的，再完美的考核制度都无法弥补因管理者和员工缺乏沟通而带来的消极影响。良好的绩效沟通能及时排除障碍，最大限度地提高绩效。

通用电气公司经营有道，人力资源的科学管理功不可没。360度绩效考核是通用电气公司的一大特色，每个员工都要接受来自上级、同事、下属及客户的全方位考核，大约由15个人分5个阶段来考核。考核标准就是评估员工在工作中是否按照公司的价值观行事。

▎思考▎

一个典型组织使用的考核问卷项目应包含思想维度、领导维度、人际关系维度和自我管理维度。对照你的企业现状，思考在设计问卷时，是否已涵盖了这些维度中应有的内容，哪些方面是需要改进的？

1. 思想维度：战略性思维能力、分析问题能力、管理和监控能力、执行能力、设计计划能力。

2. 领导维度：提供指导的能力、影响他人能力、形成团队工作能力、激励他人能力、教导和发展能力。

　　3.人际关系维度：建立关系能力、开放沟通能力。

　　4.自我管理维度：履行承诺能力、适应能力、自我发展能力。

技能点 4
用 OKR 管理方法考核绩效

OKR 管理方法是一套严密的思考框架和持续的纪律要求，旨在确保员工紧密协作，把精力聚焦在能促进组织成长的、可衡量的贡献上。

在企业中实施 OKR，前期准备很重要，一定要先思考清楚为什么实施 OKR、在哪个层面实施 OKR 等问题，要让参与实施 OKR 的人对其有统一的认识。盲目跟风、认识不统一，只会导致 OKR 流于形式，不能给企业和员工带来任何成长。

OKR 管理方法，是目前最流行的企业员工绩效考核方法之一。谷歌、微软、亚马逊、甲骨文、IBM 等公司都在使用这种方法。在采用 OKR 管理模式后，很多公司都获得了巨大的成功。目前，国内的华为公司也在采用这种管理方法。2019 年，百度宣布全面放弃 KPI 考核方法，转向 OKR。消息一传出，就在企业圈子引起了不少关注。

其实，OKR 更多时候是一种用于目标管理的战略管理工具，只是在某些时候被用于绩效管理，被称为"OKR 敏捷绩效管理"。所以某些人说 OKR 就是绩效考核工具，难免有点以偏概全。

1. 认识 OKR

OKR（objectives & key results）管理方法由英特尔公司发明，即目标与关键成果法。其中，O（objective）为企业目标，KR（key results）为关键成果。OKR 是一套明确和跟踪目标及其完成情况的管理工具和方法，旨在确保达成企业目标的关键成果分解与实施，确保员工共同工作并集中精力做出可衡量的贡献。在英特尔担任工程师的约翰·杜尔转型为风险投资人后，将 OKR 管理方法引入他投资的谷歌、亚马逊、领英等科技公司并成功推广。

OKR 考核的是努力的方向和目标，代表你到底要去哪里，而不是你要去的地方具体在哪里。OKR 的目标在时间和数量上必须可量化；必须一致，比如制定者和执行者目标一致，团队和个人的目标一致；并且制定的目标要是有野心的，有一些挑战的，甚至是让人有些不舒服的。

2. OKR 和 KPI 的区别

OKR 和 KPI 的最大不同在于，OKR 考核为"我要做的事"，KPI 考核为"要我做的事"。

KPI 是从结果来考察绩效，一切都是用指标来说话，而不太关注过程。OKR 的主要目的是为了更有效率地完成目标任务，它的主要流程是一个循环，它是依据项目进展来进行考核的。OKR 强调的是对于项目的推进，要求的是如何更有效率地完成一个有野心的项目。OKR 相对于 KPI 而言，不是一个考核工具，而是一个更具有指导性的工具。

大多数情况下，OKR 更合适创业企业、创新企业和高科技企业。对于战略目标并不清晰、组织结构扁平化、员工素质较高、自主决策比较强的企业，用 OKR 管理方法作为绩效考核方法是非常有帮助的。所以，企业应该根据自己的实际情况引用 OKR，而不能跟风。就比如美国通用电气等公司即便采用了 OKR 这种新模式，也因战略不当，在业务上并没有亮眼的表现。

3. OKR 的制定流程

首先，设定一个目标。这个目标必须是确切的、可衡量的；并且很多时候都属于野心目标，要野心大、难度大、有创新性。

其次，明确设定关键成果。这些关键结果是要可以量化的，要用来帮助自己实现目标。

再次，推进执行，围绕关键成果，共同努力达成目标。

最后，定期回顾，根据项目的进度，对成果进行评估。

技能点 5
确定本企业适用的绩效考核方法

企业在推行绩效管理制度时，一定要考虑到自身的特点和环境的作用。企业设计的绩效考核制度完善，考核标准明确，考核程序规范，考核方法先进，但为什么考核制度仍然难以落实？究其原因，还是"环境和土壤"不适合，没考虑到企业自身的文化、氛围和发展阶段等因素。

1. 不同企业有不同的企业文化

不同的企业文化需要不同的绩效考核制度与之相适应。企业文化是在长期运作中逐步形成的群体意识，以及由此产生的行为规范。所以每个组织都会有它独特的文化，这种文化往往是通过组织运行和员工行为体现出来的。

企业中一般会同时存在两种意义的组织文化：一种是职能型文化，又叫纵向文化；另一种是流程文化，又叫横向文化。

职能型文化更强调明确的结构与职责、严格的汇报关系；绩效考核比较注重结果和产出，通常采用"强制性排序"来区分绩效；考核主体多是员工的直接主管，考核强调员工对上级负责，对工作目标和责任负责。而流程型文化强调的是以客户需求为导向，多采用的是以团队为基础相互配合的工作结构；绩效考核不仅关注结果，也强调对客户产生直接影响的行为，一般采用 360 度绩效考核法，强调员工对顾客满意和团队目标的实现负责。二者对比如表 6-4 所示。

表 6-4　职能型文化与流程型文化对比

职能型文化（纵向）	流程型文化（横向）
决策制定由职能需要决定	决策制定由客户和流程需要决定
各职能部门间联系较少	各职能部门间广泛联系
大多数人只知道自己职能部门的情况	员工知道组织总情况及有合作关系的部门的情况
职能部门间有对立关系	职能部门是合作伙伴
某一职能部门的考核与其他职能部门无关	考核反映了部门对客户的贡献及对整个系统的贡献
某一部门运作与其他职能部门无关	某一部门只有在整个组织运作良好时才有好的绩效
只有工作结果被考核管理	结果和过程都被考核管理
只有出问题时才检查系统	不断分析改进系统
各职能部门间不共享信息	各部门共享彼此有利信息
部门主管不许员工和其他部门员工直接商议以解决问题，要层层上报	部门主管鼓励员工与其他部门员工直接商议以解决问题
普通员工无权参与决策，或只能参与与自身相关的问题	各层都有跨职能组，频繁讨论重要问题
员工因对职能贡献被奖励	员工因对组织贡献被奖励

2. 企业在不同的发展阶段要有不同的考核方法

企业在不同的发展阶段，也需要不同的绩效考核制度与之相适应。1983 年，美国的奎因和卡梅隆将组织的生命周期简化为四个阶段。

（1）创业阶段

① 企业创建者多为技术人员或市场人员，注重以技术或市场为导向，并不重视管理活动。

② 企业分工较粗，无正式的、稳定的组织结构。

③ 通常依赖适当的报酬或分享股权来报偿每日长时间的工作。

④ 要靠创业者亲自监督，控制企业内部活动。

⑤ 企业往往没有成文的规定或无须建立绩效考核制度，考核由创业者自己承担。

（2）集合阶段

① 建立了按职能划分的组织结构，员工有较明确的职责和分工。

② 一些主要的管理制度建立起来了，如财务、销售、生产管理等有了相应的管理制度和规定。

③ 员工的绩效考核制度和工作标准正在逐步建立，部分人可以代替创业者直接实施监督。

（3）正规化阶段

① 实行分权制的组织结构，将日常经营权下放到较低的管理层来行使。

② 高层主管主要从事战略、重大财务、人事等方面的决策，以及处理公司的例行性事务。

③ 组织结构强调专业化、制度化、规范化，规章制度进一步健全并得到严格执行。

④ 对员工的考核和激励，不再仅凭领导个人的感情或印象，而是依靠正规、客观的考核制度和奖惩制度。

（4）精细阶段

① 采用矩阵式的组织结构。

② 团队工作方式大大丰富，公司除了固定的职位外，还出现了大量

基于流程和团队要求的角色。

③ 公司的绩效评价不仅关注员工的个体绩效，更强调团队绩效，逐步形成基于团队的绩效评价制度与规范。

由于不同企业所具有的不同文化氛围，以及同一企业所处的发展阶段不同，需要有不同的绩效考核方法与之相适应，所以管理者应充分分析企业的自身特点和所处环境的变化，选定真正为企业所需的绩效考核方法。

第七章

克服绩效考核的障碍

　　无论以何种形式出现，绩效考核都无法完全消除它所引起的被考核者的紧张感甚至反感，所以，绩效管理往往是"最难啃的一块骨头"。在小企业中，将绩效考核的尺度把握好尤为重要。

　　绩效考核的有效实施不是一蹴而就的，它需要精心地准备规划，例如进行考核前的动员和培训，实施目标管理，选择适合的考核方法，避免在考核中出现种种误差，并掌握考核中应把握的有效规则等，这些对顺利实施绩效管理是相当重要的。

技能点 1
把握绩效考核在小企业中的"度"

优胜劣汰是自古以来考核的目的和结果。而绩效考核作为现代人力资源管理的核心内容之一，其意义远不止于淘汰或晋升被考核者，更应有激励与引导作用。

无论以何种形式出现，绩效考核都无法完全消除它所引起的被考核者的紧张感甚至反感，所以，绩效管理往往是"最难啃的一块骨头"。在小企业中，将绩效考核的尺度把握好尤为重要。

1. 小企业绩效考核的特点

① 小企业的领导者是"大管家"，种种权力集于一身，他的行为方式和领导风格基本上决定了企业的风格。企业领导人的个人色彩较浓，往往缺乏制度观念，对下属的业绩考核具有主观性和随意性。这是由企业初期的特点决定的。

② 小企业特别是民营企业，由于规模小、实力弱，以业务为战略核心是企业生存的必需，所以完全以业务量或销售量衡量员工绩效。至于其他方面，如员工对企业文化的认同、员工的道德及自我学习和提升的能力等都被忽略掉了。

③ 小企业人员少，管理结构扁平，人与人之间可以便捷地面对面沟通。企业往往有较浓厚的"家"的色彩，人情味较重，理性的味道较淡，

在绩效考核中容易出现不客观的现象。

④ 小企业的制度和流程不完善，企业在激烈的竞争中又要随时应变甚至进行大的战略调整，是在变化中生存，所以类似目标管理等先进管理方法很少能在小企业中推行，这使得绩效考核难以有据可依。

⑤ 小企业的管理者往往只把企业的绩效考核作为检验员工工作成果的手段，没有帮助员工发现工作中的不足，及时调整改进以提高绩效。

2. 把握好绩效考核的"度"

对小企业而言，既不能令考核过于复杂，又不能没有科学的程序和制度，这之间需要把握好"度"。

① 无论制定何种考核制度，都要避免"书本制度"或"完美制度"。制度不是快餐，不要一次性消费，它是企业长期战略的体现，所以在讨论和制定时应尽量考虑周全，但也要斟酌程序的易行性。完美的制度会难以执行。对于小企业而言，可以将考核周期设定为一个季度一次或半年一次。

② 对小企业而言，绩效考核的作用应更偏重于激励。结合绩效要制定相应的薪酬体系，让考核结果直接与员工的绩效挂钩，当员工看到考核带来的好处时，制度的推行才能顺利。这里还需要准确把握考核内容的全面性和考核指标的重点性。小企业考核指标中的业务指标，如销售额、利润、市场占有率等战略的权重尽量大些，一些个人素质、能力、价值观等方面的指标权重则可小些，但也须有所体现。

③ 由于小企业时常处在变化中，绩效考核的内容和指标体系不能一成不变，要反映企业的重点和变化导向。但考核制度在一个战略时期内又应保持稳定，因此小企业可借鉴一些比较科学的管理方法，结合实际情况利用。

④ 一定要进行考核后的面谈。有的小企业管理者认为，考核应简

单高效，将结果公布出来就算完事。然而绩效考核的功能之一就是指出员工在考核期内工作中出现的问题和不足，指导员工修改工作计划，提高工作效率。所以，考核后的面谈是必不可少的。小企业可以根据自身特点，采用不同的面谈方式，如果时间紧业务忙，也可抓住与员工业务沟通的空隙，了解员工对绩效考核结果的想法，随时掌握他们的工作状况。

⑤做好企业领导人的说服工作。在小企业中，任何制度的建立和变革，最强的动力还是来自企业领导人，所以要让他认识到，不能仅靠印象、关系来评判员工绩效，公平的考核制度对企业成长必不可少。

⑥做好制度设计前的宣传和动员，建立考核监督机制。推行考核前应进行充分调查，使员工认识到绩效管理的必要性，倡导"考核面前，人人平等"的原则。

总之，针对小企业的管理特点，规模、技术、实力都处于成长期，复杂而且成本高的管理系统可能不太适合，所以评估系统的宗旨应是重效果、重可行性的。它的制度设计、考核方法应以小企业的实际情况为出发点，尽量做到实用、高效，切忌复杂而不实用，或千篇一律。

技能点 2
保障绩效考核的有效实施

绩效考核的有效实施不是一蹴而就的，它需要精心地准备规划，例如进行考核前的动员和培训，实施目标管理，选择适合的考核方法，避免在考核中可能出现的种种误差，并掌握考核中应把握的有效规则等，这些对顺利实施绩效管理是相当重要的。

1. 考核前的动员

为了使绩效考核得到全体员工的理解和支持，企业在绩效考核之前一定要进行有效的、有针对性的宣传动员。这类宣传动员包括以下几个方面。

① 向员工宣传绩效考核的科学性。

② 帮助员工了解绩效考核的目的和意义。进行绩效考核并不是为了制造员工间的差距，而是实事求是地发现员工在工作中表现出来的长处、短处，帮助员工提高能力，改进绩效。绩效考核的出发点和落脚点都是推动员工的潜能开发和能力提升。

③ 帮助员工了解绩效考核的公正性和方法的合理性。绩效考核要以确认的事实和可靠的材料为依据，自始至终坚持以公正为原则，并赋予员工申诉的权利。

④ 帮助员工了解绩效考核的有关纪律和要求，明确整个绩效考核的流程和运作程序。

只要让员工明白，考核双方是一个利益和责任的共同体，考核的目的是要达到共同进步、共同成功的双赢结局，那么员工就会接受绩效考核，并积极参与到绩效考核中。

2. 考核前的培训

考核者在理解力、观察力、判断力及个性倾向方面都存在着一定的差异，因此，对考核者进行全面有效的培训至关重要。考核培训应包括对管理人员的培训和对员工的培训。

（1）对管理人员的培训

对管理人员的培训，可以提高管理者的业务能力，力求减少考核中人为的非正常误差。培训的内容一般包括以下两个方面。

① 培养正确的态度，提高管理人员对绩效考核及其意义、人力资源管理和考核关系的认识。

② 提高专业知识和技术水平。

• 目标设定和工作计划，包括业绩衡量制度的建立。培训不仅仅包括技巧方面的问题，还应包括激励问题和相关的人际关系技巧。

• 管理工作环境——协助寻找克服制约因素的方法。

• 理解能力、行为范围——在组织中使用的特定能力或行为范围。

• 收集绩效信息和进行绩效衡量——目的、目标、结果和行为。

• 提供反馈和对反馈做出接收、应答。

• 检查、确认业绩产生的原因——区分个人因素和系统因素。

• 讨论和指导员工的发展。

• 进行正式和非正式的业绩检查。

（2）对员工的培训

对员工进行培训，一方面可以加强员工对绩效考核重要性的认识，另一方面也可以提高员工有关绩效考核的综合技能。同时，培训将有助于公司绩效管理制度内在化，形成一种支持绩效管理的良好公司文化和工作氛围，把推进绩效考核与组织发展内在地联系起来。

对员工进行绩效管理培训的内容如下：

① 参与目标的设定——工作目标和开发目标。

② 理解能力、行为——在组织中使用的特定能力。

③ 自我检查、自我考核。

④ 自我管理。

⑤ 向上提供反馈。

⑥ 接受反馈。

3. 考核实施步骤

如图 7-1 所示，绩效考核的实施分为 4 个步骤。

图 7-1　绩效考核实施步骤

（1）准备

① 明确考核目的，确定考核对象和考核程序，建立分类分层的考核制度。

② 建立推行的机构，明确责任，确定预期的阶段效果。

③ 通过报刊宣传等方式在企业内营造氛围。

④ 对负责推行的人员和各级管理者进行培训，学会操作技巧。

（2）实施

① 在全面推行考核制度时，不妨先在某几个部门进行试点。

② 最好自上而下地实施考核，这样有利于目标的制定和压力的传递。

③ 对绩效考核实施全过程定期跟踪，通过访谈、培训、研讨等方式了解制度实施中遇到的问题。

（3）优化

针对发现的问题，找出解决的方法，必要时，对考核制度和相应的方法进行优化。

（4）结果运用

① 完成考核结果分析简报，针对考核过程中暴露出来的管理问题，进行细致的分析。

② 制订员工绩效改进计划、培训工作计划和岗位轮换计划。

③ 建立员工绩效过程跟踪档案。

④ 等绩效考核结果相对客观时，再将考核结果与薪酬、晋升等相联系。

4. 考核期和考核方式的选择

考核按照时间可分为定期考核和不定期考核。

定期考核又可称为阶段性考核，是按照一定的时间和既定的项目对岗位进行的考核。

不定期考核是根据需要，由考核主管部门或企业管理者对其下属的日常工作状况随时进行的考核。

通过不定期考核，管理者可以了解和掌握员工在日常工作中的能力发挥程度、工作绩效大小和工作努力程度等，为定期考核进行资料的积累，提供参考依据。

绩效考核有公开、不公开或半公开三种形式。主张公开绩效考核的企业认为，使考核处于全体员工的监督下，有利于实现考核工作的公正性，同时让员工了解自己的优缺点。主张不公开绩效考核的企业认为，公开容易造成考核者和被考核者之间的矛盾，挫伤感情。主张半公开绩效考核的企业认为，公开程度要适度，要根据具体情况而定。无论采用何种方式，企业都应将考核标准和过程公开，考核结果要向本人公开，在此基础上再探索考核方法的可行性和科学性。

5. 绩效考核的原则

绩效考核在实施时，应注意遵循以下原则。

① 绩效考核的频率：一名员工多长时间应被考核一次？什么样的员工应被考核？

原则一：拥有较多特殊技能的员工考核次数应少。

原则二：考核次数应与职位的工作经验成反比。

② 利用绩效考核实现激励：对资深员工的考核应以其工作成就为基点来进行。

③ 绩效考核成功的价值和成功效率：当企业大多数员工在其他地方和在本企业具有至少相同的生产率时，考核对企业价值不大。

6. 实施绩效考核时需要关注的几个重要环节

① 建立由企业高层领导亲自挂帅的工作小组。企业绩效考核能否有效实施，与高层领导的亲身参与和大力支持息息相关。

② 对所有管理者和员工进行细致、有针对性的培训、宣传。

③ 在制度全部推出之前，不妨先在某几个部门试点，等积累了一些经验后再全面推行。

④ 最好从上而下地实施。

⑤ 对绩效考核实施全过程进行定期跟踪，以便对制度及时进行

优化。

⑥ 等绩效考核结果相对公正时，再与晋升等相联系。

绩效管理是在绩效实施过程中逐步实现的，因此如何将制定好的绩效计划、目标等在企业中认真贯彻，对企业来说尤为重要。

企业可参照表 7-1，检查这几个环节是否做到位了。

表 7-1　绩效考核重要环节改进表

绩效考核实施	建立由企业高层领导亲自挂帅的委员会	□是	□否
	对所有管理者和员工进行细致、有针对性的培训、宣传	□是	□否
	在制度全部推出之前，不妨先在某几个部门试点，等积累一些经验后再全面推行	□是	□否
	最好从上而下地实施	□是	□否
	对绩效考核实施全过程进行定期跟踪，以便对制度及时进行优化	□是	□否
	等绩效考核结果相对公正时，再与晋升等相联系	□是	□否

爱立信公司的绩效考核系统建立在两个假设的基础上：一是大多数员工都为报酬努力工作，只有可获得更高的报酬，他们才会关心绩效考核；二是绩效考核过程是对管理者和下属同时考核的过程，因为双方对绩效的发展均负有责任。

绩效考核有两部分内容：结果和成绩（目标、应负责任／关键结果领域），绩效要素（态度表现、能力）。目标结果一般以量化指标进行衡量，应负责任的成绩一般以责任标准来考核。绩效要素包括主动性、解决问题、客户导向、团队合作，对管理者而言还包括领导、授权等其他要素。最终的绩效考核结果是两部分内容考核结果加权后的总和，两者分别占 60% 和 40%。

技能点 3
克服绩效考核中的三大障碍

在绩效考核中，管理者、员工和绩效考核标准存在的障碍，会对绩效考核效果产生不良的影响，应注意加以克服。

1. 来自管理者的障碍

（1）对绩效功能的质疑

不少管理者愿意花大量时间和财力进行生产技术创新和销售服务改善，却不愿意在绩效考核中多投入一点精力，因为他们认为生产和销售的投入可以迅速获得收益，而对绩效考核的投入能产生效果，则半信半疑。因而他们在绩效考核实施中不尽全力，使其流于形式。

面对这种质疑，管理者应该坚信，绩效考核能带来经济效益。绩效考核虽然不是一项经济行为或经济目标，但它给企业带来的经济效益并不低于新增资本的投入和新技术的使用。绩效考核通过改善员工的工作表现，提高员工的满意度和成就感，能在企业绩效的提高中起到事半功倍的效果。

（2）人情的障碍

中国传统的人情观念，使许多管理者都成了"与人为善"的老好人，不愿意扮黑脸，不愿意对员工做负面评价，以免"伤感情"。特别是在企业中，考核结果通常与薪酬挂钩，涉及员工的切身利益，考核中的偏差极易引起员工的不满，所以大多数管理者不愿背此黑锅；而且，负面结果容易挫伤员工的工作信心和士气，影响员工的工作积极性，这也是管理者不愿看到的。因此不少管理者视绩效考核如鸡肋，用之无效，弃之可惜。

其实，管理者应该做到心底无私天地宽。在绩效考核中，只要管理者从实际出发，实事求是，在考核中不怀偏见，对待员工做到"一碗水端平"，则无论考核结果如何，只要过程公平、公正、透明，员工都是能接受的。

2. 来自员工的障碍

在绩效考核过程中，管理者的偏见会使员工成为牺牲品。就员工而言，他们通常认为绩效考核过程不够严谨，自己表现好的方面总是难以被发现，而一些无意间造成的差错却可能导致惩罚，使他们产生"考核就是报复"的错觉。因此，他们常常对绩效考核抱有戒心，采取不合作、不服从的态度。

员工是需要考核的，员工对考核的障碍来源于对绩效考核的误解，要消除这种误解，最好的办法是让员工参与考核。员工的参与可表现为多个方面。

① 让员工参与标准的制定，自己给自己设立标准，这样的标准就是员工对工作的一种承诺。有了承诺，员工自然就会尽力而为。考核时，如果因没有达到标准而受到惩罚，员工也就没有怨言和猜忌了。

② 在考核过程中，考核对象、内容、程序及考核结果完全公开化，让员工清清楚楚地了解，以便让他们对绩效考核产生信任感。

③ 考核时可以结合自我考核的方法，给员工一个充分表达自己意见的机会，也让管理者全面地了解员工，减少双方不必要的矛盾。

3. 来自绩效标准的障碍

（1）创意的价值如何成为绩效考核的标准

虽然企业的经营过程中确实离不开创意，但也很少有企业存在的最终目的只是为了提供创意。企业经营的目的是获得利润的最大化。所以，企业虽然无法直接考核创意的绩效如何，但可以以创意带来的经济效果等对其进行绩效考核。

（2）绩效标准容易忽视不可抗力因素

绩效标准的制定针对的是一般情况，很难做到将所有情况都涵盖。例如一家企业中，由甲和乙分别负责东南亚和欧洲的业务，两位业务员都很努力工作。但由于东南亚出现金融危机，各国经济普遍不景气，致使甲的业务量下降了很多，最终没能完成预定目标，此时对甲的绩效考核结果是否应定为不合格？

其实，在制定标准时，虽然很难排除外在因素，但在绩效考核结果的分析上，却可以结合外部环境的变化进行深层次考核。通过延长考核时间的办法，或通过岗位轮换的办法，为员工提供更多公平考核的环境，然后做出考核结论。

此外，在考核之前，应广泛地宣传绩效考核的目的，争取管理者和员工的支持，从而使绩效考核能在企业的经营管理中充分发挥作用。

技能点 4
避免考核者易陷入的误区

企业在进行绩效考核时，应力求考核结果的客观与公正。但由于考核者自身的一些因素，绩效考核会出现一些误差。因此，明确考核者易陷入的误区，对提高考核效率和考核结果的准确性的作用是不可忽视的。

1. 考核者容易陷入的误区

（1）晕轮效应

晕轮效应，就是在人际交往中，人身上表现出的某一方面的特征，掩盖了其他特征，从而影响我们对这个人的认识与评价。

疑人偷斧的故事中，丢斧子的人就受了晕轮效应的影响。在晕轮效应的作用下，如果你对一个人有好感，那么即使他犯了错误，你也会拼命为他辩护；而当你对一个人有成见时，就算他做出很大的成绩，你依然会觉得他很不顺眼。

在绩效考核中，晕轮效应是指考核者在对被考核者进行绩效考核时，往往会把绩效中的某一方面或与绩效考核无关的某一方面看得过重，从而影响整体考核的效果。晕轮效应会导致评价过高或过低。例如，某位员工很会处理人际关系，和考核者关系很好，考核者会认为他各方面能力都很强。相反，如果另一位员工平时很少和人接触，工作比较随意，考核者就会对他产生工作不负责任的印象。然而，后者的工作创造能力可能比前者更强，业绩可能更好。

（2）首因效应

首因效应又叫优先效应，是指考核者常通过获取的被考核者的最初信息或印象来考核他的工作表现。之后和最初判断相符的信息就较容易被接受，相反的信息就会被忽略不计。正因为对最初收集的信息给予特别关注，因此又叫优先效应。

也就是说，当被考核者在面试时给考核者留下了良好的印象，后者在考核时就很容易发现前者的成绩。即使有一些小错误，后者也可能会为前者开脱。如"这项工作有一定难度，完成不好也是情有可原的"。相反，如果被考核者在最初的见面中没有给考核者留下好印象，那么在以后的考核中，后者就很容易发现前者的缺点，即使前者做出了很出色的成绩，后者也可能会认为"有什么了不起的，这是团体共同努力的结果"。首因效应会对绩效考核产生消极的作用，使得考核结果难以反映员工的真实工作业绩。

（3）近因效应

一般情况下，人们对近期发生的事情印象较深，而对发生时间较久的事印象较浅，这就是近因效应现象。这种现象在绩效考核中也经常出现。考核者对员工一段时期的工作绩效进行考核时，往往注重近期发生的成绩和表现，以近期的印象代替员工在整个考核期的总体表现，因而造成考核误差。

这种偏见会对一些员工产生较严重的影响，例如，某位员工平时的工作表现一贯较好，却在考核前的一两周内犯了错误，这就使得考核者对他的负面印象非常深刻，直接影响了他的考核成绩。

（4）趋中误差

在考核中通常会出现一种趋势，即尽管被考核者的工作表现是不同的，考核结果却是趋同的。例如，一家企业的考核等级有7级，那么考核者通常会避开较低的等级（第1、2级），也会尽可能地避开较高的等级（第6、7级），而在第3、4、5级范围内对员工进行评定。

这种误差会形成"枣核状"的考核结果，如图7-2所示。

图7-2 "枣核状"的考核结果

表现好的和表现差的员工数量都很少，大部分人都是表现一般的。这种过于集中的考核结果会扭曲绩效考核的本意，会大大降低考核对员工的激励作用，挫伤员工的工作积极性；同时，对晋升、奖惩等工作的借鉴作用也会大大降低。

（5）感情效应误差

人们都是有感情的，所以总是不可避免地将感情带入其他活动中，绩效考核也不例外。考核者可能会由于对被考核者感情的好坏程度不同而自觉或不自觉地对员工的绩效考核评价偏高或偏低。为了避免感情效应造成的误差，考核者一定要克服绩效考核中的个人情感因素，努力站在客观的立场上，力求公正、公平。

（6）从众心理

在日常生活中，从众心理随处可见。例如，当大家都在称赞一件衣服的颜色和款式时，即使你并不看好，恐怕也不会特立独行；再比如，在做一道数学题时，如果大家的答案都一样，只有你的不同，这时你可能会怀疑自己的答案。这就是从众心理，人们总是在避免与大家的意见不同。考核中也常常出现这种情况，当其他考核人员对被考核者做出

"绩效很差"的评价时，即使你很欣赏那个人，为了避免与大家的意见不和，你很有可能也会做出"绩效很差"的评价。

这种从众心理影响了考核的客观公正，也使得考核结果偏离了准确的轨道，无法为人力资源的相关决策提供依据。

（7）相似性错误

在进行考核时，有的考核人员会拿自己的性格、能力、工作作风、行为方式等方面去与被考核者比较，如果是和自己较相似的，就会不由自主地做出较高的评价；相反，对于那些与自己风格不符的员工，就会给出较低的分数。

这种错误通常都是在不经意间发生的，并非考核者故意如此，但它确实对考核结果产生了不良的影响。

（8）暗示效应

暗示是一种特殊的心理现象。考核者在管理者或权威人士的暗示下，很容易受到他们的想法的影响，而改变自己已有的看法，这就可能产生绩效的暗示效应。例如，某企业在评选"优秀员工"，企业管理者在给员工开动员会时，常常会有意无意地提及"大家工作都很努力，×××表现尤其突出"等，这样看来，也就不用再评选了，×××似乎已明显成为"优秀员工"了。在考核中，这种暗示效应是很常见的，因此应尽可能将管理者或权威人士的发言放在最后，这样就可能最大限度地避免暗示效应。

（9）对比效应

当考核者对某个员工进行考核时，很容易产生对比效应，即会受到已考核员工成绩的影响。通常情况下，如果一个团队中大部分成员的成绩都不太好，那成绩一般的员工就会显得较为突出；反之，如果整个团队的工作业绩均非常出色，那工作成绩一般的员工就会被认为成绩较差。

（10）偏见误差

有些误差是由于考核者对被考核者存在的某种偏见造成的，因而影响对被考核者工作业绩的真实考核，这就被称为偏见误差。例如在企业中，技术人员往往觉得职能部门的人员只会"纸上谈兵"，因此，如果由技术人员做考核人员，就会对职能部门人员评价不高。绩效考核中的偏见可能来自上级对下级，也可能来自下级对上级。管理者的主观成见或员工无意间的小差错，都容易产生绩效考核的误差。在考核过程中，管理者难免有主观上的判断失误和偏见，影响了员工的积极性。管理者的偏见往往会使员工成为考核的牺牲品。

（11）过宽、过严误差

有一些考核者出于某些原因，总是以较高的分数来进行考核，这就是所谓的过宽考核，它会导致过宽误差；也有一些考核者在考核时总是以最低的分数来进行，产生了过严误差。

（12）盲点误差

由于考核者自身也存在着某种缺点，因此会忽视员工存在的同样的缺点，形成考核中的盲点，从而产生误差。

（13）记录效应误差

考核者有时会忽略员工实际的表现，而只注重记录。即如果上次考核的分数较高，那么即使这次的表现不是很好，考核者的打分通常也不会低于上次。

（14）完美主义误差

如果考核者本身是个完美主义者，他就会将员工的缺点放大，在考核中对员工做出较低的评价。这样一来，不仅会影响考核的客观准确性，还会影响员工工作的士气和积极性。

考核者易陷入的这些误区在实际考核工作中是很常见的，又是很难避免的。有些错误虽然不是考核者故意造成的，却会影响考核结果，因此应当给予重视。

2. 如何避免陷入误区

应对考核者易陷入的误区的措施如下。

（1）避免发生晕轮效应：不要对别人抱有成见

虽然企业的经营过程中确实离不开创意，但也很少有企业存在的最终目的只是为了提供创意。企业经营的目的是获得利润的最大化。所以，企业虽然无法直接考核创意的绩效如何，但可以以创意带来的经济效果等对其进行绩效考核。

在进行绩效考核时，绝对不能掺入个人感情色彩，尤其不能对别人抱有成见。同时晕轮效应产生的误差，可以通过加强对考核者的培训来避免。

（2）避免发生首因效应：不要有先入为主的想法

考核者不能带着自己的主观愿望进行考核，考核时不能有先入为主的印象，应当从员工实际的工作表现出发，对员工的业绩做出客观公正的评价。

（3）避免发生近因效应：由管理人员和员工一同记录平时所发生的关键事件

为避免近因效应产生的误差，较为有效的方法是由管理人员和员工一同记录平时所发生的关键事件。虽然这样做会花费很多时间，但记录的材料能确保被考核者在整个过程中的工作表现都被纳入最后的绩效考核中。

（4）避免发生趋中误差：严格按考核标准进行

应严格按照考核标准来进行考核，达到什么样的结果，就给予什么样的评价。

可以考虑对员工进行等级考核法。因为这样，所有员工都必须被排列在一条横向或纵向的线段上，这样就避免了把他们大部分排在中间位置上的可能。

（5）避免产生从众心理：坚持自己的看法，独立判断

要坚持自己的看法，不要盲目地跟随别人；要进行独立判断，不要轻易受到别人的影响而改变自己的想法。只有这样才能从不同的视角出发，真正了解被考核者的工作表现和业绩。

（6）避免出现个人偏见误差：由更高层的管理人员进行监督和校正

应由更高层的主管人员对考核者所进行的考核工作进行指导和监督，对不合乎考核标准和要求的行为及时进行纠正；同时对考核者做出的考核结果进行检查并予以校正。这样可以避免员工的考核信息处于被扭曲的状态。

（7）避免产生过宽、过严误差：培训、控制考核结果、制定清晰的考核标准

① 对主管进行培训，激励他们进行正确考核。

② 控制考核结果的分布状况，使考核结果接近正态分布。

③ 制定多维度的、清晰的考核标准。

（8）避免出现完美主义误差：明确考核标准程序、加强员工自评

要解决这个误差，首先要使考核者明确地了解考核的原则和操作方法，其次可以适当增加员工自评次数，与考核者的考核结果进行比较。如果差异比较大，则应对结果进行认真的分析，找出原因。

技能点 5
减少考核误差

考核员工，应避免对从事类似工作的员工采用不同的标准和要求。考核系统在考核和实施过程中受到种种因素的影响，从而产生误差，使得考核的效果大打折扣。因此，应采取有效的措施减少误差，使考核有效性达到最大化。

1. 事先做好准备或对考核者和被考核者进行培训

企业管理者质疑绩效考核结果，可能是因为不恰当使用的经验，也可能是因为对绩效考核实施前提认识不清楚。要消除这些负面效应，应针对考核的动机和目的及考核实施中的一些先天性的局限事先做好准备。一个比较有效的方法就是对考核者和被考核者进行培训。

2. 通过绩效标准的定义和特征来强化员工工作业绩界定

很多绩效考核之所以无法实现，原因之一就是没有明确绩效标准的定义及特征。考核者的重点应放在被考核者的工作上，而不要被其他方面左右。在考核表中不要使用概念界定不清的措辞，以避免不同的考核者在执行考核时产生不同的理解。考核目标要明确，要尽可能地将目标层层分解至可度量的层面。标准建立得"恰当"和"实际"，有利于界定员工的工作业绩，否则绩效考核结果会大打折扣。

3. 设定绩效考核适用且可行的实施程序，考核工作的每个方面

绩效考核是要考核工作的每一个方面，而不是进行笼统的评价。考核应包括收集数据与情报，将考核结果与绩效标准进行比较。考核者不要一次考核太多员工，应避免前松后紧或前紧后松，有失公允。此外，最重要的是，要让员工觉得考核结果公平并可以接受。

4. 强调绩效反馈面谈的重要性

绩效反馈面谈是绩效管理中的重要环节，它可以增强与员工沟通的效果。面谈不仅能使管理者与员工之间就工作表现达成共识，也为彼此之间建立起感情和默契提供了良好的机会。

5. 使用考核技巧以适应中国国情

中国人做事讲人情、爱面子，这就使绩效考核的实施面临一定的阻力，但这并不是能否实施绩效考核的原则性问题，只是涉及如何恰当地实施绩效考核的技巧问题。在实施绩效考核时应充分考虑中国特有的国情，争取员工的全力支持和配合。

6. 让员工亲自参与

请员工进行自我考核，可以减少员工与管理者之间的摩擦。在以明确的工作说明书为基础的绩效考核体系中，员工绩效目标与绩效标准的实现，通常是以"员工亲自参与"为前提的。在绩效考核中，员工如果能根据设定好的绩效标准进行自我考核，就能更客观地接受考核的结果，减少绩效考核实施过程中的阻力。

在绩效考核过程中出现误差并不可怕，只要应用适当的、有效的措施进行防范和改进，就可以减少甚至避免误差的出现。

第八章
做好团队绩效考核

在全球经济一体化的市场环境中，竞争的水平和级别不断提高，这就要求企业不断提高对市场的反应速度，以满足消费者需求多变且日益个性化的发展趋势。因此，越来越多的企业都试图借助团队这种灵活多变的组织形式来解决企业面临的各种新问题，帮助企业在全球经济一体化的竞争中获取竞争优势。如何对团队进行科学的绩效考核，如何建立客观的团队绩效考核指标，是企业管理者面临的难题。

技能点 1
理解团队绩效

团队是由两个或两个以上的人组成的，通过彼此协调各自的活动来最终实现共同的目标。团队绩效不同于个人绩效和组织绩效，应当加以明确。

1.团队绩效的内容

如图 8-1 所示，我们可以从三个方面来理解团队绩效。

图 8-1　团队绩效

2.个体绩效、团队绩效和组织绩效

个体绩效是由个体素质及职业化行为决定的；团队绩效是由团队核心素质及团队合作程度决定的；组织只有将个体绩效、团队绩效和组织绩效通过共同的

团队中的个体在解决问题的过程中，应尽可能地交流和采纳他人的想法。

价值观紧密地结合在一起，组织的战略才能得以实现。因此，应在组织绩效的基础上确定团队绩效，在团队绩效的基础上确定团队成员的个体绩效。个体、团队、组织三者绩效的比较如图 8-2 所示。

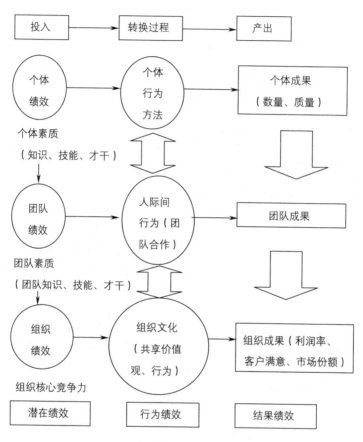

图 8-2　个体绩效、团队绩效和组织绩效的比较

技能点 2
应对团队绩效考核中的难题

绩效考核一直是企业进行人力资源管理的一大难题，团队绩效考核又是难题中的难题。随着企业对团队绩效考核的普遍应用，团队绩效越来越引起企业的关注，也使企业面临许多困惑。

1. 了解团队绩效与企业整体绩效及整体战略的关系

某电器公司的领导制定了一个雄心勃勃的战略目标：将新产品的上市进度提前 10％。但领导们在确定如何测定团队工作绩效时，没有从总体考虑，反而要求各团队确定自己的测评标准。此后，公司发现产品上市的速度确实大大加快了，却未能顾及生产部门与市场的相互配合。

这种情况在企业的其他团队中普遍存在，虽然有的团队业绩也是不错的，但各团队之间由于缺乏合作，相互推卸责任，反而造成了企业的损失，削弱了企业的整体效益。甚至有的团队还通过牺牲其他团队的利益来成就自己，造成企业内部不必要的恶性竞争。这样的团队绩效目标已经偏离了企业的整体目标。

企业在建立团队时，首先要处理好团队业绩与企业的整体业绩及整体战略之间的关系。但在实际操作中，许多企业并没有为战略的落实构建出一个全面的以战略为导向的绩效管理系统来支持，团队绩效经常是与企业的整体绩效和整体战略脱节的，虽然实现了单个团队的效益最大化，却不能为企业整体绩效的实现做出贡献。

我们从以上案例可以看出，企业中的每个团队必须和其他团队协调合作，才能实现企业的最佳效益。为了让团队中的每个成员了解自己的工作如何与企业的战略目标相结合，企业的高层管理者应和团队共同设定团队绩效考核的规则。

2. 团队绩效考核与传统绩效考核的区别

某公司的经理说，公司以前以控制为导向，实行职能分工的等级化工资制度；现在为适应市场的快速变化，公司决定转向快速的、以团队为基础的组织形式，但由于还是使用传统的考核方法，难以满足新团队绩效考核的要求，因此反而产生了阻碍作用。

团队绩效考核不仅要反映作为一个整体的团队为组织做出的贡献，还要反映团队的每个成员为组织做出的不同贡献。对团队绩效的考核反映的是团队的整体效率，对团队成员的个体绩效考核则能体现团队内部的公平性。团队绩效考核的作用就是要将团队中每个成员的贡献反映出来，帮助每位员工改进工作表现。

但在传统职能组织中，并没有一个专门的部门对绩效考核的过程担负责任，没有好的办法进行测评。

因此，团队绩效考核应注意以下方面。

① 在考核团队绩效的同时要考核团队成员的个人绩效。

② 既要注重对工作过程的考核，也要注重对工作结果的考核。

③ 既要对管理层进行考核，也要对业务伙伴进行考核。

3. 如何对不同类型的团队进行考核

某公司有项目团队、固定工作团队和网络化团队等多种形式的团队。但企业的管理者在进行绩效考核时却发现，由于各团队的工作方式大有不同，采用相同的考核方式显然不太适合。

对不同类型团队进行考核时要有不同的要点，要采用不同的考核方法，因此在设计团队绩效考核的指标时，必须考虑参与考核的团队的类型。例如，对进行固定工作的团队，不仅要考核最终的绩效成果，也要注重对过程进行考核；对于临时组建起来要解决某个难题的团队，在进行考核时，可能更应考核解决方案的有效性。

在对不同类型团队进行评价时，操作者和测评维度都应有所不同。既应注重对团队整体业绩的考核，又要兼顾对团队每个成员的考核；即使是对业绩成果、工作行为、素质能力及业绩改进进行考核，也应根据不同类型团队的特点而有所侧重。

4. 团队绩效与个人绩效应该更注重哪个

某公司王经理发现，在进行团队绩效考核时，平衡团队绩效与员工个人绩效之间的关系是个难题。如果为了最大限度地发挥团队的集体优势，应强调要重视团队整体业绩的考核。但王经理发现，只关注团队绩效，不考虑员工个人绩效，会导致"大锅饭"的现象，团队成员的责任感下降；如果过分强调团队成员的个人绩效，虽可以减少员工在工作中的偷懒现象，但会使团队成员相互之间存有戒心，影响他们的亲密合作。

王经理的两难境地是团队在实际工作中经常会面临的（二者的区别如表 8-1 所示）。企业的各项工作通常是以团队的形式开展的，如果在绩效管理各个环节的操作中只关心员工个人绩效，奖惩制度也只关注每名员工的个人成就，就会导致团队成员间的激烈竞争，甚至有时不惜以牺牲团队的整体利益为代价。

注重员工个人绩效的考核虽然有助于减少工作中的偷工减料、搭便车等现象，但也忽略了一个重要问题，即一个优秀的团队应具备的最本质的特征——合作与协同。团队成果的取得在一定程度上依赖于每个团队成员的个人努力。实践经验表明，只有当团队绩效和员工个人绩效同时作为绩效管理的重要因素而备受关注时，团队的工作效果才有可能提高。因此，要将团队绩效和员工个人绩效的考核有机衔接起来，使其并存于企业绩效管理过程中。

表 8-1　个人绩效考核与团队绩效考核

考核层面	考核要点
个人层面	某成员是否与其他团队成员合作
	团队成员间是否会交流看法
	团队成员是否参与团队决策过程
	团队成员完成的书面报告质量如何
	团队成员完成个人业绩需要多少时间
	团队成员向团队提供建议的准确性
	团队成员完成工作的情况如何
团队层面	团队成员是否合作
	团队成员在交流看法时是否会听取各方的意见
	整个团队在决策时意见是否一致
	客户对团队的工作业绩是否满意
	积压工作减少的比例
	团队整体工作过程的运转周期
	团队工作是否讲求效果

5. 应当奖励团队还是奖励员工个人

　　某销售经理发现企业中普遍存在这样的情况：企业为了鼓励团队成员的相互合作，采取的是对团队整体进行奖励的方法。有一个团队的整体业绩一贯很好，只是其中有个别员工业绩很差，但由于对团队进行奖励，所以该员工在年终也获得了一大笔奖金。还有的团队虽然整体业绩很差，其中仍有业绩很突出的员工，但这些员工由于团队的原因而得不到奖金。这种情况如何处理呢？

　　企业为什么有时要奖励团队，有时又必须奖励个人呢？在操作时可参照表 8-2。

表 8-2　奖励团队或者个人的原因

奖励员工个人的原因	奖励团队的原因
当每个员工对团队的贡献不同时，如果只奖励团队，会忽略团队成员的个人努力	通过组建团队来完成某项工作，每个成员都为团队工作的完成做出了贡献，所以作为团队的一员，每个人都应该获得奖励
如果团队的个体差别较大，只奖励团队会使团队成员感到待遇不公	
只对团队进行奖励，会使团队成员的个人责任感降低	对团队的奖励可以增强团队的凝聚力和员工的集体主义精神
只奖励团队，会使员工觉得自己没有得到足够的重视，反正干好干坏都一样	可使员工更加关注团队的进步，更能主动配合别人完成工作，更注意对比自己和别人的努力程度
如果只奖励团队，表现较好的员工就会和别人对比，尽量使自己的努力程度不超过别人	团队的最终工作成果难以区分出每个成员的具体贡献，所以无法对个人进行奖励

应奖励团队还是奖励员工个人，对企业来说是个性化的问题，不同的企业应根据自身具体情况的不同而定，可遵照以下原则。

① 当以奖励团队为主时，如果员工个人超额完成了工作标准，还应给予额外的奖励。

② 要使团队成员知道自己为组织做出的贡献有多大。

③ 对于同质性较高、团队凝聚力较强且工作成果难以划分的团队，宜采用奖励团队的方式；相反，则以奖励员工个人为主。

6. 应由谁负责对团队进行绩效考核

某公司新组建了产品推广团队，将小刘从设计部门抽调出来。但最近小刘经常觉得无所适从，因为他面临着双重领导：一是现在推广团队的经理，一是以往设计中心的老领导。当两个领导同时分配给他紧急的任务时，他就不得不加班加点。当两个领导给他的意见大相径庭时，他就更加不知所措了。

这种情况也很常见，员工究竟应该向谁汇报工作？是团队领导还是职能部门领导？多头领导的问题如何解决？在考核时究竟谁的评价占的权重应更高？

现在许多企业管理者同时通过职能部门和团队来管理员工。这种组织形式虽然比较灵活，能较为迅速地对市场需求的变化做出反应，但也增加了员工工作的复杂性。团队成员要接受双重领导，处理复杂的关系网络，不断地处理因协调不好而产生的问题。尤其当职能部门经理和团队经理进行不同的指示时，员工容易困在原地，对自己的处境无所适从。

对团队进行考核的人员可以是团队领导、团队的直接上级领导或团队以外的管理者。无论由谁来负责团队的绩效考核，都各有利弊（见表8-3），还应根据企业和团队的具体情况而定。

表8-3　不同考核人员的优、劣势分析

考核人员	优势	劣势
团队领导	可以更了解每名员工的工作表现和实际工作成果； 可以更好地对每名员工的具体工作进行指导	团队领导本身是属于团队的，因此在进行考核时，可能会更加突出团队的成绩； 团队领导可能会为了获得良好的工作关系而影响考核结果
团队的直接上级领导	因为工作上的需要，上级对团队的工作情况一直都很了解，所以可以在了解企业整体的基础上，相对客观地评价团队的工作结果	团队的直接上级领导不可能像团队领导那样对团队每个成员的表现都了如指掌，所以在进行个人绩效考核时，可能会因主观因素而产生偏差
团队外部的管理者	他们相对于直接领导，更能掌握企业的整体情况，更能对团队做出客观的评价	他们对团队每个成员的具体工作表现几乎一无所知，很难进行成员的个人绩效考核

通常，对团队进行考核的人也就是团队绩效的管理人员。在考核时，负责人可以从团队成员、客户、团队领导及管理者那里收集所需的信息，以便能做出客观、公正的评价。

同时，在团队中应注意统一领导问题，即一名员工不应受到一个以上的人的领导，否则会造成管理的混乱。

这几个难题是企业在实际工作中比较常见，却又难以应付的。只有正确地认识这些问题，结合企业自身的特点和现实发展状况，采用适当的方法和手段加以处理，才能使员工个人绩效、团队绩效乃至企业的整体绩效大有改进。对项目团队中不同成员的考核如表8-4所示。

表 8-4　对项目团队中不同成员的考核

团队类型	考核谁	谁来考核	考核什么			
			成果	行为	能力	改进
项目团队	团队成员	管理者	☺		☺	☺
		项目领导者		☺	☺	☺
		其他团队成员		☺	☺	☺
		客户		☺		
		自己	☺	☺	☺	☺
	整个团队	客户	☺	☺		
		自己	☺	☺	☺	☺

技能点 3
做好团队绩效考核的准备

没有一个好的开端，团队绩效考核将难以推行。只有在进行团队绩效考核之前做好充分的准备工作，才能保证团队考核的顺利进行。

1. 确定团队绩效目标的制定依据

团队绩效考核前的准备工作，主要是要依据企业的战略目标和客户的需求来确定团队的目标，根据团队的目标确定团队的策略，为开发考核标准提供依据（见图 8-3）。因此，首先要做的工作是对现有的组织目标和关键业绩指标进行分析。

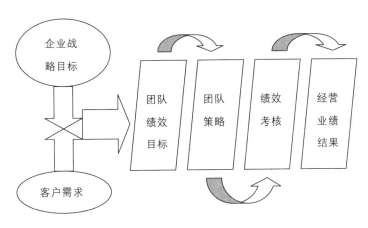

图 8-3　团队绩效目标的制定依据

2. 分析组织绩效目标和关键业绩指标

团队在进行组织绩效目标分析时，应首先记录下组织的绩效目标和考核指标，尤其要保证实现与组织战略相关的关键业绩指标。关键业绩指标是指组织宏观战略目标经过层层分解产生的具有可操作性的战术目标，是衡量企业战略实施效果的指标。

仅仅了解组织的目标和关键业绩指标，还不足以改变团队成员的行为。组织的战略目标和考核指标要以某种方式转化为团队和团队成员的目标和考核指标；团队及团队成员必须明确如何将自己的目标和公司的目标联系在一起，并采取行动来实现自己的目标。当依据组织战略目标和关键业绩指标来确定团队的绩效指标时，应首先明确以下几方面的问题。

① 描述组织的发展前景。

② 为实现这一前景，组织的发展战略是什么？

③ 要确保战略对团队而言是清晰的、明确的。

④ 确定和描述团队的内部客户和外部客户。

⑤ 列出团队的客户所需的产品和服务，并标明客户最重要的需要（数量、质量、成本、时间限定）。

⑥ 团队的目标是什么？

⑦ 团队的发展策略是什么？

⑧ 团队的优势是什么？有哪些改进的机会？

⑨ 团队成功的关键要素是什么？

⑩ 选择5~10项最重要的团队绩效考核指标。

3. 团队对绩效考核指标的分析

例如，某专卖店连锁分店的团队在考虑其绩效考核指标时，应首先了解其总部的绩效考核指标。该专卖店总店的绩效考核指标为年销售总额、总利润、新开设分店的数量、客户服务四项指标（见表8-5）。分店团队经过分析后发现，他们可以在产品销售量、货品的摆放、成本降低、客户满意度等方面对总部的考核指标产生影响。

表8-5 团队对绩效考核指标的分析

总部绩效考核指标	团队能否对该指标产生影响	影响考核指标的团队业绩
年销售总额	是☑ 否☐	产品销售量、货品的摆放
总利润	是☑ 否☐	成本降低
新开设分店的数量	是☐ 否☑	
客户服务	是☑ 否☐	客户满意度

总之，为使制定的团队绩效目标符合组织战略目标要求和客户的需求，并公平而可行，就应做好制定目标前的准备工作。

技能点 4
确定团队绩效考核维度

企业在实际操作过程中，通常使用如客户关系图、组织绩效目标图、业绩金字塔、工作流程图等方法来确定团队绩效考核维度。

1. 利用客户关系图

（1）客户关系图是什么

客户关系图是指描述团队的客户及说明团队能为客户提供哪些产品和服务的一幅清晰的图示。它能够显示出与该团队相关的内、外部客户及客户所需要的、能从团队获得的产品和服务。此图能清晰地表明团队和客户间的价值创造关系。

（2）何时用最有效

当团队的存在是为了满足客户的需求，尽量提高客户满意度时，使用客户关系图的方法最有效。

客户主要是那些需要团队为其提供产品和服务，并帮助他们工作的人或组织。客户既包括组织外部客户，也包括组织内部的同事。如果团队的存在就是为了满足客户的需求，就必须充分考虑客户对团队的要求。客户的需求就是团队绩效考核维度的主要来源。

（3）操作步骤

① 运用客户关系图来确定团队的客户有哪些，以及其需要从团队获得什么产品和服务。

② 将那些不值得考核的项目去掉，确保所列出的每个项目都是客户所需要的业绩结果。

③ 从组织角度回答：哪些成果是组织希望从团队中获得的？回答这个问题所用的关键词就是团队给组织创造的价值。

④ 用简洁、准确的语言来描述团队应完成的工作，对已列出的业绩结果重新规范命名。

2. 利用组织绩效目标模型

要使用该法，需要建立绩效目标设定模型（见图 8-4）。组织绩效目标是指以组织的战略和经营计划为基础确定的任务和努力方向。

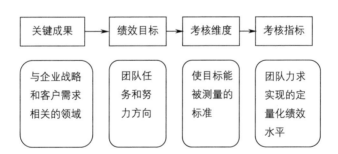

图 8-4　绩效目标设定模型

当团队存在的目的主要是帮助组织改进绩效目标时，利用组织绩效目标来确定团队绩效考核维度的方法最有效。其操作步骤如下：

① 理解组织绩效目标。

② 确定组织有哪些关键业绩指标，团队可以对其产生哪些影响。

③ 如团队能对其产生影响，那么回答以下问题：团队要做出什么业

绩才能有助于达成组织目标？

④ 将这些结果作为团队绩效考核的维度。

可衡量的目标应包括以下内容：

- 降低生产成本。

- 压缩运转周期。

- 增加销售额。

- 提高客户忠诚度。

3. 利用业绩金字塔

（1）什么是业绩金字塔

业绩金字塔如图 8-5 所示，其出发点是要明确业绩的层次，在组织所有的业绩成果中由团队负责创建的部分。团队应选择那些能把组织目标和团队目标紧密相连的绩效考核维度，只有将团队业绩和组织绩效紧密联系起来，才能够保证团队的成功，为实现组织目标做出贡献。

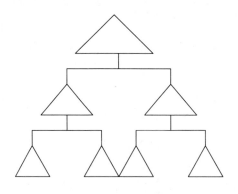

图 8-5　业绩金字塔

（2）何时用最有效

当团队的绩效目标只是组织绩效目标中的一个组成部分时，企业可以采用业绩金字塔法来确定团队绩效考核维度。

（3）团队应通过思考以下问题来构建业绩金字塔

① 团队所在组织的宗旨是什么？组织要达到的战略及业绩目标是什么？

② 组织的绩效目标需要有哪些业绩成果辅助达成？

③ 界定在这些业绩成果中，哪些应是由团队负责创建的？

由于创建的业绩金字塔是为整个组织而建立的，那么只有金字塔中的某些方框才是团队需要负责的。通过对业绩金字塔仔细地观察和分析，团队可以确定哪些业绩成果是由自己负责的。

（4）关于业绩金字塔方法的经验分享

当检验利用业绩金字塔确定的团队绩效维度是否有效时，管理者可以思考采取以下几方面的问题。

① 是否将所有团队对组织创造的业绩结果作为最终目标，将其置于金字塔的最高点？

② 是否将最终业绩结果分解为一个个单项业绩考核成果？

③ 是否确定了团队应负责的那部分业绩成果？

④ 是否确定了对团队考核时的重要标准？

4. 利用工作流程图

（1）什么是工作流程图

工作流程是贯穿交叉于工序之间，为把一些有价值的服务或产品提供给客户的一系列步骤。这里所指的客户既可以是组织内部的，也可以是组织外部的。工作流程图是将工作流程进行描述的示意图，如图 8-6 所示，图中的框表示在工作流程中发生活动的各个步骤，箭头表示各工序间的"交接"。

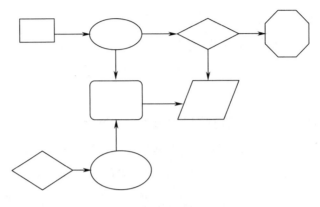

图 8-6　工作流程图

（2）何时用最有效

当团队的工作具有明确的、清晰的工作流程时，用此方法最有效。

（3）使用工作流程图确定团队绩效维度的优势

① 能把质量、流程再造计划与绩效管理结合起来。

② 一些有清晰工作流程的团队能对它们在工作流程中的有效性进行合理的评价。

③ 对工作流程进行规划有利于团队把握简化和重新设计流程的机会，从而形成更合理的工作流程和更好的团队绩效。

（4）如何使用工作流程图确定团队绩效维度

工作流程图应包含三个考核维度：

① 向客户提供的最终产品。

② 整个团队应负责的重要工作移交（箭头）。

③ 整个团队应负责的重要工作步骤（框）。

此外，团队如想改进工作流程，可以采用项目流程评估表（见表8-6），进行项目总结和审评，进行团队绩效的改进。

上述四种方法各有优势，各有适用的情景，应根据团队所具备的条件进行选择，绝不能机械地套用。

某快餐企业在全国已有 30 家连锁店，其中一家是上海分店。该分店需要根据总部的目标来设定自己的业绩标准。操作步骤如下。

步骤一：了解总部的绩效目标。

总部设定的目标是要在以下四个方面改进绩效：1. 用开设新连锁店的方法来提高销售额；2. 年销售总额；3. 总利润；4. 客户服务质量。

步骤二：确定该团队能创造的并能直接影响组织绩效的业绩结果。逐一判断自己的团队能否对上述四个方面产生影响，并记录下来。

步骤三：如团队能影响某些维度，则对团队能施加影响的考核维度进行深入的分析。

步骤四：把这些成果作为团队业绩考核的维度。

| 思考 |

表 8-6 是项目流程评估表，请结合你所在企业和团队的现状将其完成。

表 8-6　项目流程评估表

项目：
填表人：　　　　　　日期：
期限从　　　　　　到
评估下列指标： 产品质量：符合目标□　低于目标□　高于目标□ 预算：符合目标□　低于目标□　高于目标□ 进度：符合目标□　低于目标□　高于目标□
总的来说，项目成功吗？是□　否□

如果不成功，是由哪些因素导致的？
哪些事情做得很好？有哪些成功的经验？
哪些事情本来可以做得更好？
如果再做一遍，哪些做法会有所不同？
哪些经验教训可以应用到未来的工作中？

技能点 5
确定团队成员的个人绩效考核维度

在确定了团队的考核维度之后，对个人绩效考核维度的确定也是不可忽视的步骤。

1. 角色-业绩矩阵

角色-业绩矩阵是用来确定团队成员为确保团队目标的实现所必须做出的业绩的一个表格。此矩阵明确了团队成员在为团队做贡献时所扮演的角色。在表 8-7 中，团队各项绩效维度列于横行，团队成员排在纵列。在中间每个方格内是团队成员为了支持团队绩效而必须创造的个人绩效。

表 8-7 团队角色-业绩矩阵表

	团队绩效维度 1	团队绩效维度 2	团队绩效维度 3	团队绩效维度 4
团队成员 A	个人绩效			个人绩效
团队成员 B		个人绩效		
团队成员 C			个人绩效	
团队成员 D	个人绩效			个人绩效

2. 矩阵在考核中的应用

如表8-8所示，某图书编辑室先将团队绩效目标列在表格的横轴中，将团队成员列于纵轴，然后逐一确定每个成员在每一维度应承担的责任。

表8-8　某图书工作室团队绩效考核表

	新图书策划	图书质量保证	销售盈利
编辑人员		进度控制（进度安排、签订合同），稿件规范核查	控制编辑过程成本，提出营销推广建议
策划人员	市场调研、产品开发创意、产品成本估算、产品包装	甄选作者、样稿内容检查、产品形式检查	提出节约成本的意见，以及定价、产品宣传方案
市场营销人员	读者意见反馈、市场信息跟踪	产品包装	宣传策划、材料制作、客户服务

3. 与团队成员签订个人绩效合同

个人绩效合同是指团队成员和其团队经理签订的书面协议，约定在某个时间段内必须取得的业绩。其范本如表8-9所示。

签订合同中所约定的业绩通常是根据角色-业绩矩阵确定的。如果每个团队成员的个人绩效目标都实现了，就能确保整个团队的绩效目标得以实现。

制定个人绩效合同应当按以下步骤进行。

第一步：运用角色-业绩矩阵进行分析，以确定哪些是该成员必须完成的、最重要的业绩。

第二步：制订具体的计划，说明在什么时间段内，如何完成各项任务。

第三步：制作时间和成本计划表，明确衡量在一个确定的时间段内取得的业绩和产生的经济效益。

第四步：将自我发展规划填在个人绩效合同中。

第五步：定期进行检查，以确保能够达到预期目标。

表8-9　个人绩效合同的范本

受约人签名：　　　　　发约人姓名：
职位：　　　　　　　　　职位：
职责描述：
主要绩效目标：
绩效考核维度：
权重：
会遇到的阻力：
考核指标：
行动计划：
本合约适用于　　　　　　　至
签名：　　　　　　　　　　　　　签名：（主管） 　　　　　　　　　　　　　　　　合同签署日期：

总之，团队是由每个团队成员组成的，只有团队成员的个人绩效目标实现了，才能确保团队整体目标实现。

表8-10为家用电器销售连锁店团队创建的角色–业绩矩阵。

表8-10　成员团队绩效贡献表

	商品陈列	客户满意	员工成长和发展
销售经理	订单送达销售网点	解决客户投诉	拟订培训计划
销售人员	零售商对商品的需求	完成订单	符合素质要求
收银员	需要订货的商品货品，客户要求的新产品库存商品	销售结账	交叉培训团队成员，符合素质要求

技能点 6
分配各项绩效考核维度的权重

权重是用来表示各项绩效考核维度相对重要性的百分比。

1. 权重的意义

有了分配合理的权重，团队将受益匪浅。

① 权重有助于团队明确各项业绩相对重要的程度，这样能突出重点目标。

② 权重能帮助团队更好地分配和管理时间。权重不应仅仅反映花费在工作上时间的多少，还应反映各项业绩的重要性。

③ 权重有助于团队成员把团队和个人的工作重点进行排序。

缺乏权重会产生什么结果呢？

第一，会令团队成员感到困惑，不知道什么才是最重要的结果，以及应重点关注什么业绩成果。

第二，团队成员会认为现有的绩效评价体系缺乏公平性。

第三，跨职能团队的领导会发现他们不受团队成员的重视，因为通常这些团队成员的报酬都是由其直接上级管理者确定的。

2. 确定权重的方法

可以采用专家定权法、历史资料法、数据分析法等来确定权重。

专家定权法是由相应的行业和领域内造诣较深的专家依据自己积累的经验来确定权重的方法。

数据分析法是从实际数据出发来确定权重的方法，有平均赋值法、主成分法、因子分析法等。

历史资料法是根据历史资料的记载，按每种目标调查结果的重要程度赋与相应权重的方法。

3. 如何分配各项绩效考核维度的权重

首先决定在 100% 的权重中，应将多少比例分配给团队业绩，将多少比例分配给团队成员个人业绩。

再把所有团队权重在团队业绩维度范围内进行分配，把所有个人权重在个人绩效考核维度范围内进行分配。

应根据各项业绩对企业的重要性而并非所花费的时间来分配权重。通常以 5% 为权重的增量。

权重完成分配后，能确保反映团队对各项考核维度相对重要性的看法。

4. 分配权重的经验分享

分配权重的经验如表 8-11 所示。

表 8-11 权重分配经验

经验分享	理由
设定的维度每个最好不高于 30%，不低于 5%	过高的权重会导致团队成员"顾大头，丢小头"，对某些与工作质量密切相关的标准不重视

经验分享	理由
要给最重要的业绩赋予最高的权重——30%	避免考核风险
将不太重要的业绩赋予最低的权重——5%	权重设置得太低会使团队成员对该项标准不重视，考核缺乏影响力
有相同重要性的业绩要具有相同的权重	
权重应当是5的倍数	可将计算的难度降低
所有的权重相加起来要达到100%	

权重的确定对团队来说至关重要，将有助于绩效目标的实现。

某管理咨询团队认为团队业绩应占60%，个人业绩占40%。他们将团队绩效简化，得到了团队权重分配表（见表8-12、表8-13）。

表8-12　团队权重分配表

	项目	占比
团队业绩占比 60%	项目计划的完成	20%
	客户满意度	20%
	团队建设和管理	10%
	项目的开发	5%
	智力贡献	5%
个人业绩占比 40%	工作质量	20%
	工作责任心	10%
	团队成员的满意度	5%
	工作的协作性	5%

表 8-13　某商店团队绩效考核维度的权重划分

	项目	占比
团队绩效考核维度	商店整洁性和货品丰富性	20%
	对团队成员各种技能的培训	10%
	客户满意度	10%
	商品的销售额	10%
	有效地控制成本	5%
	库存准确率	5%
个人绩效考核维度	对客户提出的新要求的满足	5%
	节约成本的合理化建议	25%
	掌握多种技能	10%

不同类型团队的绩效考核

懂得服务心理的商家，售货常常是从"心"开始的。任何成功的团队都需要建立明确的、以结果为导向的绩效目标。但不同类型的团队该如何进行绩效考核，让许多管理者大伤脑筋。

1. 团队的类型

目前关于团队的分类有很多种，本书根据斯科特（Susanne Scott）和沃尔特（Walter Einstein）关于团队分类的划分标准，将团队分为三种：项目团队、工作团队（包括管理团队、生产团队、服务团队、研发团队等），以及虚拟网络团队。

图 8-7 从成员的构成及任务的复杂程度这两个维度对这三种常见团队进行了分析。

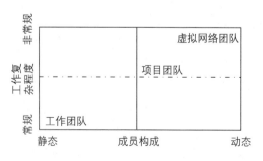

图 8-7　团队类型

第一个维度是成员构成。成员构成是指团队预期的存在时间、成员的稳定性、成员工作时间的分配等。这个维度可以从静态到动态来衡量。静态团队通常是指那些全职的团队成员，在团队存在的时间段里，所有成员均保持不变，并全程参与团队存在时间里的一切事务。动态团队则是指团队中的成员经常要依据任务的变动而发生改变，这些成员一般都同时参加其他团队。

第二个维度是任务完成的复杂程度。常规任务就是那些完成时不需要进行太大变动就能完成的工作。完成这些任务的时间周期一般都可以提前确定，而且一般都相对较短。一旦任务完成，其结果可以比较容易估算出来。非常规任务是指这些任务通常都是比较偶然的，完成的方法和结果一般是不能提前预料的，且完成的周期也比常规任务花费的时间要长。

2. 究竟考核什么

绩效考核基本上经历了基于结果、基于行为及基于能力的考核发展过程。在组织所下达的目标非常清晰的情况下，基于结果的绩效考核是最有效的。而基于行为的考核是最为普遍的一种，它主要通过观察个体在完成某项工作过程中的相关角色行为来完成。基于胜任能力的绩效考核，就是评价个体所拥有的完成某项工作所具备的知识和能力的方式。

通常使用的绩效考核方法都是考核结果的。但不论是哪种考核方式，都应强调特定工作的具体要求。随着团队工作发展和员工参与，员工在工作中的角色正在拓展。任务绩效、周边绩效及团队工作绩效是目前经常提到的。

① 任务绩效：关注服务的质量和数量等。

② 周边绩效：做一个优秀的组织成员，组织过程的不断改进、职业生涯中个人发展，以及持续学习等。

③ 团队工作绩效：在解决问题、处理冲突时相互配合、公开沟通，

在目标设定和绩效考核中团队成员间的合作。

员工的任务绩效主要是对组织的核心技术过程有所贡献，而周边绩效和团队绩效主要是对任务绩效发生所处组织的背景有所贡献。一般的绩效考核都仅仅考核员工的任务绩效，却较少关注员工的周边绩效和团队绩效。如果想使整个绩效考核符合战略导向，就应注重行为和能力等的考核，并且要注意使考核结果、行为、能力都与组织战略目标及发展方向一致。

3. 不同类型团队的绩效考核手段

最近的调查表明，《财富》排名前 1000 位的公司，都在使用着不同类型的团队。这些公司几乎 100% 地在使用项目团队，通常是将跨职能的团队结合在一起，共同完成一个项目，时间要持续几个月甚至几年，项目完成后，团队也就解散了。有将近 47% 的公司还将运用固定的工作团队作为完成工作的方法。

这些团队并不游离于组织之外，它们是组织的组成部分。对不同类型的团队，通常既要考虑团队层面的考核，也要考虑个体层面的评估；既要考虑对工作过程的考核，也要考虑对工作结果的评价；既要有管理层的考核，也应有相关业务伙伴的考核。不同类型的团队绩效考核要点如表 8-14 所示。

表 8-14　不同类型的团队绩效考核要点

团队类型	考核谁	谁来考核	考核什么			
			成果	行为	能力	提高
工作和服务团队	团队成员	管理者	√	√	√	√
		其他成员		√	√	√
		客户		√		√
		自己	√	√	√	√

（续表）

团队类型	考核谁	谁来考核	考核什么			
			成果	行为	能力	提高
	整个团队	管理者	√	√	√	√
		其他团队		√		√
		客户	√	√		√
		自己	√	√	√	√
项目团队	团队成员	管理者	√		√	√
		项目领导		√	√	√
		其他成员		√	√	√
		客户		√		
		自己	√	√	√	√
	团队	客户		√		√
		自己	√	√	√	√
网络化团队	团队成员	管理者		√	√	√
		领导者		√	√	√
		同事		√		√
		其他成员		√	√	√
		客户		√	√	√
		自己	√	√	√	√
	整个团队	客户	√			

　　团队类型多种多样，每种团队类型自身的特征也不尽相同，它将直接影响团队工作的顺利开展，对团队绩效的考核工作也是一个棘手的难题。所以，我们在设计一个团队的绩效考核体系时，应在充分考虑团队特征的基础上进行。

第九章
进行绩效考核结果反馈

　　有些企业并不重视绩效考核结果反馈这个环节。他们认为填完了考核表，算出了考核成绩，绩效考核就结束了。殊不知，让绩效考核真正起到改进和增值作用的，正是绩效考核结果反馈这个环节。

　　绩效考核结果反馈非常重要，通过反馈，员工了解了管理者对自己的评价和期望，从而能够根据要求不断提高自己；通过反馈，管理者可以随时了解员工的表现和需求，有的放矢地进行激励和辅导。唯有如此，绩效管理才能发挥作用。

技能点 1
发挥绩效考核结果反馈的魔力

若没有频繁、具体的反馈，再优秀的表现也会变差。研究人类行为的心理学家发现，反馈是人类行为中持续产生优秀表现最重要的条件之一。反馈是绩效管理中的一个重要环节。然而，在实际工作中，很多管理者都忽视了这个环节，或故意隐去了这个环节。

1. 管理者不愿进行绩效考核结果反馈的原因

第一，管理者认为考核只是自己的事情，与员工无关，所以没有必要公开。

第二，管理者担心考核结果会引起非议，激化矛盾，所以不愿公开。

2. 绩效考核结果反馈是绩效考核的点睛之笔

反馈犹如一面镜子，它让员工知道自己到底做得如何，自己在同事眼中、在管理者心中到底是什么形象。员工需要这面镜子，就像人需要水、粮食和衣服一样。如果员工不能及时得知自己的工作表现及管理者对自己的评价，他们会觉得自己的工作不受重视，久而久之，就会态度麻木，缺乏热情。

"现代经营管理之父"亨利·法约尔曾做过一个试验：他挑选了20

个技术相近的工人，每 10 人一组，在相同条件下，让两组同时进行生产。每隔一小时，他会检查一下工人们的生产情况。对第一组，法约尔只是记录下他们各自生产的数量，但不告诉工人们其工作的进度。对第二组工人，法约尔不但将生产数量记录下来，而且让每名工人了解其工作进度。每次考核完毕，法约尔会在生产速度最快的两名工人的机器上插上红旗，在速度居中的四名工人的机器上插上绿旗；在速度最慢的四名工人的机器上插上黄旗。如此一来，每名工人对自己的进度一目了然。试验结果是，第二组工人的生产效率远远高于第一组。

由此可见，绩效考核结果反馈对企业来说非常重要。通过反馈，员工了解了管理者对自己的评价和期望，从而能够根据要求不断提高自己；通过反馈，管理者可以随时了解员工的表现和需求，有的放矢地进行激励和辅导。唯有如此，绩效管理才能发挥好的效果。

3. 绩效考核结果反馈三要素及其关键问题

反馈应具备三个要素：内容、自己（问自己）、他人（相互交流）。

内容的关键问题：特定的行为、准确度、相关信息、积极的行为和消极的行为、共享的观点。

问自己的关键问题：我为什么要不同地看？有可能变化吗？反馈会有帮助吗？我如何才能更有效地传递反馈？

相互交流的关键问题：信息接受者的反馈价值、接受能力，利用非语言的交流信号。

4. 绩效考核结果反馈的一般原则

为了保证能有效地进行考核后的反馈，我们应关注如下原则。

① 反馈应注重行为、结果和相关的绩效，而不是注重某个员工。

② 反馈应联系特定的、可观察的行为，而不是一般或整体的行为。

③ 当反馈的内容是考核性的，应联系已经确立的标准、可能的结果或可能的改进，以作为评定"好"或"坏"的依据。

④ 反馈应尽可能地使用简单明确的语言，以免引起不必要的误解和防范的心理。

⑤ 反馈应关注那些能由个人加以控制的事情，或那些个人能利用反馈来改进的事情等。

⑥ 当遇到自我保护的行为或对抗的情绪时，考核反馈者应对这种情况进行处理，而不是试图说服、理论或提出另外的信息。

⑦ 应将反馈对象看成一个值得交流的、有不同权益的人而给予反馈。

5. 绩效考核结果反馈的态度

如果员工相信自己做的都是应该做的事，他们会觉得不需要改变什么。所以最有效、最快速、最简捷的改善绩效的方法是对员工给予具体的反馈。有效的当面反馈，就如以下例子一般简单、直接。

① 你知道你是唯一一个迟交报告两天的人吗?

② 你知道你的员工在抱怨，说你几乎不给他们表达意见的机会吗?

当这样问时，你实际上给出的是所谓的中立反馈。正面、中立和负面反馈实际指的是反馈的态度。

正面反馈如:"我知道你每次都很准时地交报告，要继续保持哦!"

负面反馈如:"难道你不能更专注点，准时将报告交上来吗? 你最好将你那令人讨厌的态度改掉。"

注意，这些反馈都是无礼且无益的，也不够具体。如果你对一个踩着你脚的人说:"你知道你踩到我的脚吗?"那个人估计会立刻把脚拿开。但是如果你对他说:"对不起，当人处在一个拥挤的公共场所中时，每个人的社会责任是小心谨慎地注意周围人所占的空间，避免不受欢迎或不小心的身体接触!"你可能会被投以异样的眼光。当然你也可以说:"滚开，别踩在我的脚上，猪头!"那你恐怕会失去几颗牙齿。

6. 如何处理反馈中的种种问题

创造一个反馈系统，让它运作在员工与工作之间，不需要通过管理者，就可以让员工知道自己的表现。

在工作中，管理者会发现员工通常并不知道自己犯过几次错误。有时，员工虽然知道自己犯过的错误，但他们猜测别人也会犯相同次数的错误。有时候员工知道自己在做不该做的事，但他们不知道这么做是个问题。管理者要给员工的反馈是"让他们知道自己的表现是令人不满意的"。

例如，解决迟到问题的方法就是，告诉员工他迟到的次数，你无法接受这样的行为，并要求其改进。

经理："小田，你上周 5 天里有 3 天迟到了。我无法接受这样的行为，所以可以请你准时来上班吗?"

小田："好的，我一定尽力。"

经理："谢谢。"

这就是"反馈讨论"。管理者可以通过谈话表明自己所期望的行为，这样能有效地改善员工的表现。

如果员工的生产力不能令人满意，可能是因为他们不知道自己做得如何，他们可能需要的是以每小时的表现为依据的反馈。事实上，管理者可以借由告知员工每小时、每分钟的生产力，来提高某些工作的生产力。管理者可以建立一个反馈系统，让它可以在制定的工作间隔中，依据时间或阶段性的工作目标，让员工进行一些简单的检查、计算等工作。

　　总之，"解铃还需系铃人"。由于缺乏反馈而引起的绩效问题，只有通过给予员工反馈来解决，反馈对于所有工作都同样重要。

　　某国际航空货运公司原来的工作方式是将较小的货物集中在一个大的货柜中，再以单个项目空运。公司的计划就是将95%可以集中的货物装柜。虽然没人知道实际装货率，但公司通常假设达到了，各层次的经理和搬运工人也都相信他们做到了。然而，审核结果表明，只有45%的货物装柜了。这个结果令所有人都很惊讶。

　　这显然是个反馈问题。公司没有要求100%的表现，只要95%。搬运工人以为自己已经达到了95%的标准，所以不需要有任何改变。他们每搬一件货物，就把其视为95%的一部分。由于工人无法核算，所以他们无法知道自己搬了到底是5%、15%，还是50%。

　　这个问题的解决方法是，个别地给予搬运工人反馈，告诉他们其实际的表现。搬运工人要做的是，将每个货主的名字写在一张表格上，记录每个货物是否已经达到可以装柜的标准，并指出货物是否确实在集中装柜。换班时间一到，工人必须计算出实际装柜的货物百分比，以及可以装柜但还没装柜的货物的比例，将此表格交给主管。

技能点 2
进行建设性反馈

绩效考核最主要的目的，就是要帮助员工和组织改进绩效。能否及时而妥善地对考核结果进行反馈，将直接影响整个考核工作的成效。要让绩效考核结果反馈卓有成效，管理者和员工双方都要做出努力，既要对反馈时间、场所、方式等客观因素做好准备，又要双方都对面谈涉及的内容做充分准备。

1. 选择适合的反馈方式

使用"汉堡原理"和"BEST 反馈"进行建设性反馈时，既可以使员工乐于接受，又不会伤及员工的自尊。

（1）汉堡原理

汉堡原理如图 9-1 所示。

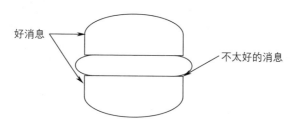

图 9-1　汉堡原理

① 先对特定的成就给予表扬和真心的肯定。

② 然后将需要改进的特定行为表现提出来。

③ 最后以肯定和支持的方式结束。

管理者在批评员工时，千万不要以"你这个人不行"作为开场白，应当首先肯定员工的成就。因为一个人即使错误再多，也不会十恶不赦。就像汉堡包，最上层的面包就如同好消息，要先对员工进行表扬，然后把不好的消息夹在中间说，最下面的面包是整个汉堡包中最重要的部分，就是说要用肯定和支持的话结束。这样员工的感觉会很好。在工作中，员工就跟客户一样，所以管理者和员工讲话时一定要有自己的技巧。

（2）BEST 反馈

B（behavior description）：描述行为，即先表述干什么事。

E（express consequence）：表达后果，就是干这件事的后果是什么。

S（solicit input）：征求意见，"你觉得应该怎么改进？"

T（talk about positive outcomes）：着眼未来，和汉堡最底层面包一个含义，即以肯定和支持结束。当员工提出改进方案时，管理者应予以鼓励。没有比失败更失败的东西了，无论员工犯了什么错误，千万别说"不行了""输了"等话，不要让员工有这种不舒服的感觉，否则会挫伤员工的工作积极性。

2. 确定最恰当的时间

选择什么时间进行绩效面谈是非常关键的。

"经理，我还要回去与一个重要客户见面，您看能不能谈得稍微快点。"

很多管理者在进行面谈时，常常会遇到类似的情景，为什么会这样呢？主要是因为考核面谈的时间确定得不恰当，管理者总是一厢情愿地根据自己的情况来确定时间，从不考虑员工的情况。但面谈是个双向沟通的过程，应找个双方都比较方便的时间来进行。

① 选择管理者和员工都空闲的时间。如果双方或其中一方在面谈时又安排了其他事情，在面谈时就很难集中注意力。

② 尽量不要选择临近下班的时间，因为在此段时间，员工通常归心似箭。

③ 管理者应选一个自己可以全身心投入到面谈中的时间段，在这段时间内忘却其他工作。

④ 由管理者提出的时间要征得员工的同意。这样做一方面能使员工感到被尊重，另一方面可以确认员工在这段时间是否有其他安排。

⑤ 计划好面谈将要花费多长时间，这样有利于员工安排好手头的工作，给绩效面谈留下足够的时间，也可以对绩效面谈时间有个总体的把握。

3. 选定和布置面谈的场所

为了更有效地进行面谈，管理者必须选择一个最佳的场所。最理想的面谈地点是在充满中立性的地方，是远离管理者办公室的地方，特别要远离管理者的电话。还有一点需要提醒管理者：办公室的门要关好，不要让别人看到里面进行的面谈过程。

要进行有效的面谈，仅仅选择最佳的场所还远远不够。场所的布置尤其是桌椅的摆放，对面谈双方，特别对员工的心理影响是不容忽视的。距离太远，沟通双方无法清晰地获得信息；距离太近，又会使对方感到私人的领域受到侵犯，造成一种压抑感。

如图 9-2 所示，在绩效反馈面谈中，如果采用 A 的形式，管理者与员工面对面而坐，双方距离较近，目光直视，容易给对方造成心理压力，使员工感觉自己好像在法庭上接受审判，以致无法充分表达出自己的想法。像 E 这种形式，双方距离太远，不利于交流，也增大了彼此的心理距离。采用 D 的形式，员工不会觉得有太大的心理压力，同时气氛也较为严肃。采用 B 的形式，管理者和员工成一定角度而坐，这样既可以避免目光过于直视，可以缓解心理紧张，也有利于观察对方的表情和非语言的行为。因此，通常建议采用 B、D 这两种方式进行绩效面谈沟通。

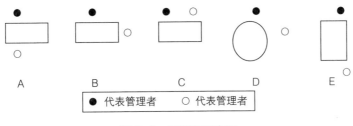

图 9-2　面谈场景布置

4. 提前将面谈事宜通知员工

管理者应至少提前一周亲自通知员工面谈的时间、地点、目的等，使其有时间对自己的工作进行审查，分析自己工作中所存在的问题，而不是通过秘书的一纸通知。

5. 计划好采用的方式

① 先谈员工的优点，再谈工作中需要改进的地方。

② 直接从表格入手，每次只讨论一项，没有获得同意以前不进行下一项。

③ 在提出你的意见之前，先让员工说说自己的看法。

④ 采取与员工轮流发言的方式。

不论哪种方式，都没有对错之分，关键是双方能取得一致的看法。

6. 事先准备好提问的内容

为使面谈能掌握更多准确的事实和情报，或抓住对方的症结，应该事先准备好要问的事项。

对比适当和不适当的提问方式，如表9-1所示。

表9-1　适当的和不适当的提问方式对比

适当的方式	不适当的方式
关联提问——立体地 　　　　——构造地	单发问——平面地 　　　——表面地
非诱导式提问——5H1W	诱导式提问——答案为 yes 或 no 的问题

针对一件事情，仅以一个问题和一次回答就完成了的"单发问"方式应尽可能避免，因为那样只能得到平面的、表面的了解，根本抓不住问题的核心。理想的做法应是发出两条至三条连续的问题，以求获得立体的、全面的了解。尤其应注意避免诱导对方说出自己期待的答案，以致偏离事实。

在提问性质上可分为诱导提问和非诱导提问。例如，"你认为是不是因为市场萧条而使价格下跌"，这样的问题，实际就是期待的答案，只想让对方回答"是"或"否"，这就是诱导提问。与之相反，非诱导提问就像"请你说明一下业绩增长的原因有哪些"，这种形式的提问，给对方充分的选择空间。

管理者在所有准备工作都完成以后，还应运用 5W1H 原则，再次核对有没有遗漏的地方。

when（何时）——什么时间，所需要的时间。

where（何地）——什么场所。

who（谁）——面谈的对象是谁。

what（什么）——谈话的内容。

why（为什么）——面谈的目的和理由。

how（如何）——面谈的方法和步骤。

7. 让员工准备能表明自己绩效的资料

在绩效面谈过程中，往往需要员工根据自己的工作目标逐项陈述绩效情况，因此员工要充分准备能表明自己绩效的事实依据。对完成得好的工作要依据事实介绍哪些方面做得好，对完成得不好的工作也要以事实为依据说明原因。

8. 让员工准备好个人发展计划

绩效面谈不仅重视现在的表现，更重视未来的发展。因此，管理者不仅想听到员工对过去业绩的总结和评价，更希望了解员工个人的发展计划，尤其是针对绩效不足的方面的改进和提高计划。员工能自己提出发展计划，而不是等着管理者为自己制订，这种做法本身就是一种能得到管理者赞赏的行为。

9. 员工要准备好向管理者提出的问题

绩效面谈是个双向交流的过程，不只是管理者问员工问题，员工也可以主动向管理者提出一些自己关心的问题。面谈通常是一对一进行的，所以员工不用担心谈话被第三人听到，可以较开放地进行沟通。

10. 员工应将自己的工作安排好

由于面谈可能要占用 1~2 个小时，这段时间员工无法在自己的岗位上，应该先将工作安排好，避开一些重要的事情。

11. 管理者该做和不该做的事

（1）该做的事

① 事先做好准备。

② 注重工作的改进。

③ 给员工充分表达的机会。

④ 对员工做全面评价。

⑤ 心平气和地进行解释。

（2）不该做的事

① 将员工的表现和工作要求做比较。

② 觉得太忙而不愿准备。

③ 抓住员工的错误不放。

④ 自己喋喋不休。

⑤ 只讲员工的缺点。

⑥ 与员工争论。

技能点 3
绩效面谈中管理者的注意事项

绩效考核结果反馈是一种重要的沟通手段，其中，面谈是反馈效果最好的方式。亲切的交流意味着管理者仔细地听，让员工倾诉一切，不要有防范心理，不要有所隐瞒。

面谈是个双向沟通的过程，在此过程中，管理者要做好以下几点。

1. 晓之以理，动之以情

既然面谈是信息的交流，那么一些包含新知识、新内容的信息，将有助于员工理解面谈的意义。这点很重要，因为面谈是管理者和员工情感交流的过程。

（1）体谅

体谅员工的处境，尤其当员工对自己的失误行为做出解释时，要使员工体会到管理者对他的处境、行为是理解和同情的。同时，管理者要在面谈中充分利用一个真诚的微笑、一个赞许的点头、一个充分热情的肯定等，来表达自己对员工谈话的鼓励，让员工能无所拘束地表达自己的意见，不要有任何形式的责备。这样有利于员工将心中的话和盘托出，便于管理者找到突破口，为下一步工作做好准备。

（2）建议

要针对问题采取某种解决之道。这是面谈的主要目的之一，也是一个比较敏感的步骤，管理者要注意把握好分寸。

① 在听取员工意见时，不要发表会挫伤员工自尊心的言论，这样会使谈话气氛变得紧张，在客观上迫使员工偏离要谈的主题，转而为自己辩护。

② 不要急于对问题表态，要等待时机。

③ 表达时要注意措辞，最好采用建议或劝告的形式，这样有利于员工接受。

（3）发展

发展是面谈的最后一步，也是很关键的一步。员工出于面子和感情等多种原因，一般会为自己找些理由辩护，此时，管理者应保持支持的态度，而不是针锋相对。管理者应采用诱导的方式、商量的语气，让员工自己提出改进的方案，使员工觉得自己是自己的主人，是企业的主人，有真正参与到企业建设中的感觉。

2. 营造融洽的气氛

职位设置在企业中是呈阶梯结构的，员工和管理者之间总是存在着等级差别，要想面谈一次就能成功，就必须尽量从各个方面消除这种等级上的不平等，使面谈变得轻松自如。如何营造融洽的气氛呢？

除了要有一个最佳的谈话场所和时间，让员工和管理者并肩而坐的交谈也是很重要的。办公桌象征着权力，它向坐在一旁的人表明，我有权指示他应该如何做。管理者只有越过这个有形的屏障，以朋友或同事而不是老板的身份与员工进行交谈，才能在比较轻松的气氛中研究工作。

有人认为日立公司高速发展的原因之一是他们举行会议所使用的桌

子。日立公司的会议桌是圆形的，没有职位高低之分，坐在哪儿都行。这种不分等级的会议桌，使员工和管理者之间的屏障被消除了，员工的人格得到了尊重，有益于意见的交流。

此外，在正式交谈之前，应花几分钟聊聊工作以外的事，以消除员工可能的紧张情绪。总之，要记住，在面谈中，管理者对员工要像一个多年的老友那样亲切，而不能像对犯错的小孩那样高高在上。

3. 计划一个好的开场白，清楚地说明面谈的问题

俗话说，万事开头难。面谈最难熬的一个阶段就是员工走进办公室之后，管理者该如何开始；特别是对待一位有"备"而来的员工，如何将他的注意力从他认为的不公平之处转移过来，以平静的心情交流，就更难了。以下是比较常用的开场白实例。

①"咖啡还是茶？"这种像老朋友似的问候，可以消除员工的戒备心理，使面谈显得亲切和随和。

②"听说你女儿考上重点高中了。"这正是员工最高兴、最自豪的事，这样的开场白会使员工兴奋，甚至让员工把开始有的不公平的感觉也丢在一边。

面谈时能清楚地让员工了解此次面谈是要做什么的，整个谈话过程可能会一帆风顺，如管理者因怕引起矛盾而吞吞吐吐，会使面谈流于形式。

4. 倾听

管理者常犯的错误是，他们总是在不停地说。涉及员工工作中的问题，管理者要认真倾听员工的解释。倾听不是一般的听，芝加哥大学对100家企业的高级管理者的研究表明，管理者用在倾听员工谈话的时间占他们整个工作时间的40%，但一些管理者仅仅能记住员工谈话内容的

25%，这就是说，管理者必须提高自己的倾听能力。

（1）全神贯注地听

倾听时要以员工为中心，将所有注意力都放在员工身上，撇开自己的偏见，控制自己的情绪。

（2）进入角色地听

管理者可以进行换位思考，把自己放在员工的位置，设身处地地为员工着想，并把自己的理解告诉员工，从而获得员工的信任，使员工说出心里话。

（3）有耐心地听

不管员工说了什么，管理者都要等待、观察、心平气和地倾听。

（4）反馈性地听

在倾听过程中，管理者可以间或概括一下对方的谈话内容，说明自己对员工的话已在关注。

5. 避免冲突，善于给员工台阶下

在面谈中，员工往往有一种自我保护的本能，会阻挡他不愿意接受的信息，甚至可能为此与管理者发生冲突。管理者应尽量避免造成对立及争辩的场面。始终保持自由开放的谈话，才有助于达成面谈的目的。

面谈中，员工可能感到有些事自己做得不对，但又不好意思直接承认，此时，管理者不应一直追问，而应设法保住对方的面子。

6. 以积极的方式结束面谈

能在愉快气氛中进行的面谈将是成功的面谈。因此除了在面谈中让员工畅所欲言，在面谈结束时，管理者应尽量采取积极的、令人振奋的方式，让员工满怀积极的意念离开，而非不欢而散。

要做到这一点，就要在该结束时果断结束面谈，绝不拖泥带水，否则会使员工反感。当出现以下情形时，必须马上结束面谈：

① 下班时间到了。

② 被考核者已有明显的倦意。

③ 被考核者突然有急事要办。

④ 彼此的信任瓦解，谈话陷入僵局。

此外，在谈话结束后，管理者应回顾整个面谈过程，总结经验教训，作为下次面谈的改进依据。

7. 绩效面谈时可以运用的技巧

当在绩效面谈的过程中遇到如表 9-2 所示的情况时，管理者可以尝试采用表中举例的技巧。

表 9-2　管理者在绩效面谈时可采用的技巧

如发生以下情况	我该如何做
"打守球"：阻拦反馈，任凭你一遍一遍地重复	问些开放性的问题； 退出，想想这个问题，明天听反映； 可以幽默开场； 不要陷入僵局； 唯一能控制的是给予最好的反馈
找托词：不涉及主题，侃侃而谈	不要卷入托词中； 表示某种同感； 让托词作为解决问题的部分，循序渐进
报复：反击信息传递者	说："我很愿意听你说，但这不是我们现在要做的事。"
打退堂鼓：沮丧、叫喊、反常，以逃避得到反馈	不要有负罪感； 问些开放性的问题； 表示更多的关心； 询问这种情况发生的原因

如发生以下情况	我该如何做
表面接受：应付搪塞，没有行动表现	帮助员工树立优越感； 提供结构式的反馈； 让员工知道诚实很重要； 不接受没有理由的反应； 给予较多的检查性质的监督

　　小李刚完成了一名员工的绩效考核面谈，他觉得情绪很低落。在午餐时他对另一名管理者说："我和小田进行了面谈。今天我突然想起这是考核的最后一天了，于是我把他从预算会上叫了出来，我简直不相信他的反应。他说他没时间准备，并要我对每个批评举例说明。我跟他讲了几个我不满意他的地方，然后又好心地告诉他应怎样改正。我得到的回应只有愤怒和沉默。我想他至少应该感激我，给我一些反馈才对。是否现在人们都不关心提高自我了？其实他挺不错的，但是在面谈时他看起来很不高兴。你说他到底是怎么回事？"

　　小田不高兴是因为小李表现出来的态度好像是说："我最清楚——这是在讨论你的表现，你说有什么用？"小田在参加另一个会议时被叫出去参加他的绩效面谈，这本身就让小田觉得很难堪。而且面谈并不是事先安排好的，因此他也就没时间准备。小李的态度好像在说："你做这些都是错的，你还要这样做。"小田没机会提问，也没机会为自己辩护。

技能点 4
与不同类型的员工面谈

在绩效考核结果反馈时，管理者会遇到各种各样的员工，所以应根据不同员工的不同特点与他们进行交流和沟通。

1. 与优秀的员工面谈

当遇到一名优秀的员工时，与其面谈要注意以鼓励为主。因为优秀的员工一定是在其职责范围内工作得很好的，并且有很多别的员工所不具备的优点，所以一定要首先对员工的优秀表现加以认可，并多了解一些他做得好的方面，以便在其他员工身上推广。另外，优秀的员工往往有比较强烈的个人愿望，在绩效面谈时可以多花一些时间了解员工的未来发展设想，有时候，管理者和员工可以一同制订发展计划。最后要注意的是，优秀的员工往往比较自信，对提升和加薪等情况也会觉得是自己应得的。在这种情况下，管理者就应该谨慎对待，不应轻易做出加薪或晋升的承诺。

2. 与一直无明显进步的员工面谈

有的员工绩效总是停滞不前，没什么明显的进步，对待这种员工应该怎样进行绩效考核结果反馈呢？应首先分析一下员工绩效没进步的原因。一般来说，原因有以下几点。

①员工个人动机问题。自己为自己设定的目标较低，并没有提出更高的要求。

②当前的职位并不适合他。这个员工可能有许多潜能，也有成功的愿望，但在现在的职位上没办法发挥出来。

③工作的方法不对。有的员工虽然在一个职位上工作了很久，却一直没找到适当的工作方法，所以他的业绩始终提不上去。

④有其他的个人困难。对一直没有进步的员工，应和他们进行开诚布公的交流，查明他们没有进步的原因，再对症下药。如果是个人动能不足，则应充分肯定员工的能力，必要时还可以采用"激将法"。如果是现在的职位不适合这位员工，一方面应听听员工的想法，另一方面要帮助员工分析什么职位适合他。如是员工的工作方法不对，就应帮他分析在哪些方面可以改进。总之，既要让员工看到自己的不足，又要切实地为员工着想，帮他找到改进的有效方法。

3. 与绩效差的员工面谈

管理者可能都会有这样的感觉：与绩效比较好的员工进行面谈是件很愉快的事情，相反，和绩效差的员工进行绩效面谈是件令人头疼的差事。绩效差的员工通常很难面对一个很差的结果，管理者却要让他们不得不面对；有的绩效差的员工可能会比较自卑，认为自己一无是处；有的绩效差的员工可能认为自己并不差，因而在绩效面谈时会与管理者发生冲突。对待绩效差的员工，要注意的一点就是，一定要具体分析他们绩效差的原因，不要一概而论。

4. 与年龄大、工龄长的员工面谈

有些年龄大、工龄长的员工，曾经为组织做出了很大贡献，而现

在可能对一些新技术、新知识掌握得比较慢，因此造成绩效不高。这些员工可能会有各种想法，比如一些年轻员工业绩比他们好，提升比他们快，他们就会感到心里不平衡；他们认为组织正在对他们的价值提出质疑，逐渐以年轻员工来取代他们；或者他们感到比较自卑等。对待这样的员工一定要给予充分的尊重，首先要肯定他们曾为组织做出的贡献，并对他们表示亲切的关怀。但也要让他们知道，过去的成绩虽不会被抹去，但也不能代表现在甚至将来的成绩。绩效考核是对一定时间范围内的成绩的评估，而且是有客观依据的，因此应帮助他们接受现实的差距。

5. 与过分雄心勃勃的员工面谈

有些员工有很强的成就动机，显得雄心勃勃。这样的员工通常期望自己能为组织做出很重要的贡献，他们会做出很多对未来的设想和计划。管理者面对这样的员工，虽然要用事实向他们表明一些现实的差距，但不能一味地泼冷水，要与他们讨论所制订的未来计划的可能性，帮他们制订出切实可行的计划。

6. 与沉默内向的员工面谈

有的员工性格内向，在进行绩效面谈时，只有管理者向他们提问时他们才会做出回答，否则，他们是不会主动表达自己的想法的。他们在与管理者交流时，会变得局促不安、紧张，或者冷漠矜持。对这种员工，要多提些开放性的问题使他们多表达，并多征求他们对事情的看法，这样可以促使他们多说话。

7. 与发火的员工面谈

有时，在员工和管理者的意见发生冲突时，员工可能由于强烈的不满而发火。在这种情况下，管理者应耐心地听员工把话讲完，不要急于和员工争辩，最好等员工冷静下来，再同员工一起寻找原因。

8. 与有防御心理的员工面谈

在生活中，防御是一种很常见的现象。当员工被指责为工作绩效不佳时，他的第一反应就是否认。一旦否认自己有过错，他就不会反省自己是否称职。恼怒和攻击是受到批评时的一种反应。管理者应看到，员工的这种做法有助于他们发泄自己的情绪，并使他们推迟面对问题的时间。但可以相信的是，他们最终还是能够正确对待这些问题的。无论在何种情况下，解除这些人的防御心理是一种很重要的面谈技巧。

① 认识到防御心理是很正常的。

② 不要攻击一个人的防御心理，应尝试将谈话集中在员工行为本身，而不是集中在人身上。

③ 推迟行动。有时最好的行动就是什么都不做。人面对威胁时，一种本能反应就是将自己隐藏到"面具"后面。但是，只要有充足的时间，他们最终必定会采取理智的行动。

④ 认识到自己的局限性。不要期望能解决自己遇到的所有问题，尤其是与人有关的问题。最重要的是，管理者不要当心理学家，让你的下属认识到问题是一回事，解决心理问题则是另一回事。

技能点 5
对绩效面谈做出评价

在结束绩效面谈后，管理者应对面谈做出评价，以便总结，从而提高面谈的质量。这种评价包括对效果的评价和对过去的评价，前者一般用系列提问来完成，后者一般用绩效面谈检查表来进行。

1. 绩效面谈检查表

建议以下列六点作为绩效面谈时管理者的检查表现的要点。

① 注重结果。批评是针对人的，还是针对工作的？

② 注重实例。我提出的意见理由是否明确？是否有具体的事例？我是否很坦白？

③ 决定原因。是否试着找出原因？是否找出了许多原因？是否找到了真正的原因？

④ 双向交流。我是否太擅专了？大部分话都是谁在说？是否有平等交流意见的讨论？问题是否能激发思考？

⑤ 建立目标。是否以下属能测知的方式建立目标？目标是一般性的还是具体的？目标是被强加上的还是合力发展出来的？

⑥ 激励下属。我是否表现出对下属的关心？是否积极地激励他们？下属有否受到激励而要在未来有不同的表现？

2. 绩效面谈效果的衡量

在结束了绩效面谈后，管理者应对面谈效果加以衡量，以便作为今后改进的参考。一般可以通过以下几方面来了解和掌握。

① 面谈是否完成了预期的目的？

② 我是否帮助了员工？怎么做才能更有效？

③ 如果我再做一次，方法能有什么改进？有什么漏洞？有哪些无用的讨论需要停止？

④ 我从面谈中学到了什么辅导技巧？对自己有什么提高？对整个组织的绩效改进有何益处？

⑤ 谁在面谈中谈得最多？我能否真正注意员工所说的话？

⑥ 员工对此次面谈是否满意？是否增进了双方之间的理解？

⑦ 是否觉得下次面谈更有效？

对于肯定的答案，就应在下次面谈中继续坚持；对于否定的答案，就要分析原因，注意在下次面谈时做出改进。

3. 反思是否使用了恰当的面谈技巧

开放性、反思性和指引性地提问都是非常有用的谈话技巧，能够让员工真正参与关于绩效和个人发展的讨论。

（1）开放性问题

开放性问题指不能直接用"是"或"不是"来回答的问题。

开放性问题要求对方给出自己的意见或表达出感受。比如"你对……是怎么看的""你觉得……怎么样"等。

开放性问题的优点在于：

① 表明对对方的见解很感兴趣。

② 表明较重视对方的看法和感受。

③ 激发了对具体问题的思考。

④ 能更好地理解他人的需要。

⑤ 鼓励交流，而不是独白。

（2）反思性问题

反思性问题指以问题的形式重复对方的陈述。

反思性问题的提出要求管理者有良好的倾听技巧。要做到这点，最重要的就是要挑选对方表达得最有意义的感受和想法。

员工："如果我们改变产品的生产程序，效果可以更好。"

管理者："你确信我们的效果可以得到提高？"

反思性的问题对面谈是很有帮助的。

① 它可以避免争论。你的反应不是接受，也不是拒绝。

② 它显示出你理解了对方的观点。如果你做出的回应不正确，对方有机会更正你。

③ 鼓励对方就已经发表了的观点进一步加以说明和分析。

④ 如果对方听到的是对自己看法的间接性陈述，就比较容易认识到自己先前的陈述中不合逻辑的地方。

⑤ 有助于引发能达成共识的交谈。

（3）指引性问题

指引性问题用于询问关于特定的某一点或某一件事的信息。

指引性问题通常是在对方已经讲述完某一个话题后才提出来的，此时指引性问题起到的作用就是可以保持交流的继续进行，或帮助你获得具体感兴趣的某件事的信息或看法。

管理者："如果你确定我们可以提高绩效，你会采取什么措施？你准备何时采取这些措施？"

采用指引性问题有以下好处：

① 它们提供了对你来说更重要的信息。

② 这些问题起到了挑战对方的作用，使对方积极去挖掘想法，为自己辩护并提出解决问题的建议。

③ 为双方提供了关于某个话题的具体事实。

技能点 6
批评员工的技巧

批评是绩效反馈时经常要用到的一种方法，恰当的批评可以促进绩效的改进，但如果批评得不恰当，反而会影响以后工作的开展。因此，管理者在批评员工时，要掌握好批评的技巧。

1. 宽以待人

俗话说，金无足赤，人无完人。每个人在走向成功的路上都会遇到挫折和失败，没有人能走出一条没有失误的道路来。而且，在实际生活中，做的事情越多，犯错误的可能性就会越大，那些号称从不犯错误的人正是不做事的人，因此对待犯错误的员工一定要有宽容之心。

处理错误的黄金法则就是不要以惩罚为目的，应以对错误的改进为基础。员工在工作中出错，是因为他们的工作方法不够完善，并不是因为他们想受惩罚。

有的管理者不能容忍错误的发生，他们希望员工能将工作做到完美无缺。但事实上别说员工，就是管理者自己也不可能是个完人。管理者这样要求的结果，只会使员工把工作重心放到避免错误的发生上，但这也就意味着避免负责任，避免创新，尽量少发言的"不求有功，但求无过"的死气沉沉的工作局面的出现，或者员工为了逃避惩罚而拼命掩饰自己的错误，直到有一天，小错铸成大错，悔之晚矣。

对待错误最好的方法就是不要掩饰错误，要鼓励员工及时找出错误。员工的一个过失，就好比打翻了你正要喝的牛奶，反正你也喝不成

如果管理者追查原因不是为了毁掉某个人的前途，而是帮助全体员工吸取教训，那结果将不是一次损失，而是一次有价值的教训。

牛奶了，而且对于员工来说，他也不愿意打翻牛奶。因此，在发火前，不如让自己和员工坐下来，用善意的态度谈谈出错的原因，并探讨改进的措施，使员工下定决心不再犯同样的错误。从而，一方面，使员工改善工作方法；另一方面，管理者的大度也会使员工更加忠诚。

2. 从观点一致的问题谈起

战国时，秦国攻打赵国，赵国不敌，向齐国求救，齐国一定要赵王的弟弟长安君到齐国做人质，才肯出兵。赵太后不答应。大臣们都极力劝谏，赵太后非常生气。赵国左师触龙要求见太后。太后怒气冲冲地等着他。触龙说："老臣的儿子年纪小且不成材，老臣已年迈且很疼他，希望他能进宫当一名侍卫。"太后说："男人也疼爱孩子吗？"触龙答道："比妇女更疼爱。老臣认为您爱燕后胜过爱长安君。"太后说："你错了，我对燕后的爱比对长安君差远了。"触龙说："父母的爱应体现在为他做长远打算。您送燕后远嫁，在她走后，您虽然想她，但也总是祈祷她不要回来。难道这不是做长远打算，希望燕后能有子孙并世代为王吗？"太后听后深表赞同。触龙说："您使长安君地位显贵，却不叫他趁现在为国家建功立业，如果有一天太后不在世了，长安君拿什么立足于赵国呢？"太后醒悟，同意长安君为人质，齐国于是出兵救赵国。

触龙的本意是批评太后袒护儿子，但他没有直接说："太后，您做得不对，您应以国家为重。"如果这样说，他可能会被太后砍头。触龙先从父母的共性——疼爱孩子说起，引起赵太后的共鸣，再说什么才是真正疼爱孩子的方式，终于使太后信服。管理者在批评员工时，不妨也借鉴触龙的方式。

和管理者一样，员工也希望自己工作出色，多为企业做贡献，管理者可以从这点谈起，谈企业对员工的期望，谈员工对企业的重要性，使员工先赞同管理者的意见，再慢慢引导到管理者的要求上来，使员工在不知不觉中接受管理者的批评。

3. 要让员工不丢面子

1922 年，土耳其和希腊结束了一场惨烈的战斗后，两名希腊军人到凯末尔的总司令部投降时，土耳其士兵对他们大声辱骂，凯末尔却没有显出丝毫胜利者的骄气，他握住他们的手说："请坐，两位先生，你们一定走累了。"然后在讨论投降细节时，他以军人的口吻说："战争中有很多偶然事件，有时最优秀的军人也会打败仗。"凯末尔在全面胜利的兴奋中，为了长远利益，仍记着这条重要的原则——让对方保住面子。

管理者在批评员工时，也要遵循这条原则。其实，爱面子这件事纯属人之常情，不分国别。因此，管理者在指出员工的错误时，一定要顾及对方的感受。最好干脆把门锁上，不让任何人进来。在批评结束时，管理者可以说："我认为你是一个聪明能干的人，我想你只要集中心思在工作上，这种失误是不会再出现的。"这就给足了对方面子。

4. 适当沉默

在批评员工时，管理者适当、适时的沉默可以起到"此时无声胜有声"的作用。面谈中，管理者在指出员工的错误后，员工可能会本能地为自己辩护，其中不乏暴跳如雷的人，此时管理者该怎么做？

很多管理者力图说服对方，结果双方争得脸红脖子粗，最后不欢而散。又或者为了寻求一个说法，将其他考核参与者拉入其中，想想这有多尴尬？

因此，在矛盾即将激化时，管理者最好的应对方法是保持沉默。当然，此时的沉默并不表示迁就对方的错误，只是要提醒对方，吵闹是没用的，只有冷静下来才能更好地解决问题。此时管理者要以温和的态度说："你说的我都听清楚了，还有什么要表达的吗？"在管理者的大度面前，恢复理智的员工会为自己的失态感到后悔，这时管理者再慢慢解释原因，就容易被员工接受了。

5. 因人而异

每个员工均有不同的性格，因此批评不同的人要采取不同的办法。

在批评性格直爽的员工时，如果拐弯抹角，就容易引起误会。可以开门见山，直言不讳，直接告诉员工错误出在哪里，并明确表示出对他的期望。只要言之有理，员工就会很容易接受。

性格比较软弱、心理素质差的员工在受到批评后，虽然不会反抗，但严厉的批评容易使他们产生对工作的畏惧感。因此，性格软弱的员工犯了错误，批评时要以鼓励、提醒为主。例如，"我认为你能做得更好的。"

对于心怀不满的员工，要认真听取他们的意见，然后针对他们的错误进行批评。例如，"这段时间你总是精神不好，是不是家里有事？"

对于油腔滑调的员工，要用自己的真心话去批评他们。心里怎么想就怎么说，有一点就说一点，不要保留。

6. 对事不对人

批评应指向员工的错误行为，而不是员工的一些人格的特征。例如，某商场的一位员工上班时，对客户态度很差，主管批评他说："你这个人脾气太坏了，跟谁也相处不好，你就不应该做这份工作。"可以想见，员工听了这话心里多难受。

批评的目的是要指出对方错在哪里，而不是只指出犯错误的人是谁。因此批评时，管理者应做到对事不对人，将员工犯的错误清楚地陈述出来，并说明此事对集体绩效的负面影响。如上例，管理者可以说："我想你这么做可能有你的理由，但在商场中与顾客争吵，多不合适。在顾客眼中，你代表的就是整个商场。"

> 批评的目的是要指出对方错在哪里，而不是只指出犯错误的人是谁。

7. 不要翻旧账

有些管理者在长篇大论的训话中喜欢说："你实在太粗心了，你想想，上半年……，还有 7 月……"把所有陈芝麻烂谷子的事情统统翻出来，进一步说明自己批评得多么正确，员工做得又是多么糟糕。尽管管理者的工作是认真的，对员工也苦口婆心，但想想看，哪位员工受得了？一般员工都会从心底产生反感，并认为管理者是个可怕的人。

因此，在进行批评时，应着眼于现在发生的事情和将来的改进，而不是对过去念念不忘。即便是提到以前的事，也可以用鼓励的语气。要在指出错误的同时，给员工信心，让员工认为自己是在不断进步的，从而乐于接受管理者提出的意见和建议。

8. 批评员工，也批评自己

管理者把员工叫进办公室，对他说："出现这个问题，我真的很抱歉，你是第一次做这类事，没有经验，我应该提醒你的，是我疏忽了……"员工听到管理者这样说，往往会很感动，可能不用管理者提醒，员工就会主动承认错误了，而后管理者再与员工具体分析避免错误的方法。这样既解决了问题，又能增进双方感情的交流。

在员工犯错误时，如果管理者能及时承担自己作为上级所应承担的连带责任，往往会有意想不到的效果。而如果管理者在员工发生过失时，处处推卸责任，很难想象员工会真心实意地接受批评。

9. 要批评，也要表扬

每个人都天生喜欢被赞扬。因此，在批评员工的错误时，也不妨肯定一下他的优点。

在批评之前，应设法对其表扬一番，批评后，再设法表扬一番，力求在友好的气氛中结束谈话。在表扬中指出员工的错误，是一种缓和、圆润的方法，不会引起员工的怨恨和抵触。但在使用这种方法时，一定要注意：表扬是为批评做铺垫的，该批评的地方仍应清楚明白，绝不能含糊了事。

10. 以理服人，不可以权压人

管理者作为企业的领导，被赋予了一定的权力，纠正员工的过失也属于权力的一项功能。但如果管理者太依仗权力，特别是在批评中采取强制手段迫使员工接受自己的意见，结果往往会适得其反，员工即便在口头上同意了管理者的看法，内心其实甚为不满，也不会对自己的工作有丝毫改进。因此在批评中，管理者应根据事实，以理服人，而不是以权压人。

11. 批评以信任为本

首先，虽然管理者对员工的错误造成的损失是不满甚至气愤的，但在批评员工时，切不可掺有感情色彩，带有偏见，应以信任为本。管理者批评的是员工所犯的错误，但对员工本人的工作能力和态度，管理者应是充满信任的。

其次，是不能轻视被批评者。管理者若带着轻视的态度，不论言语多美妙，这种轻视之心仍会表现在言辞中。员工一旦感到管理者瞧不起自己，便会丧失改正错误的信心，工作低效。正如有句话所说，"生活在没有自信、缺乏信任的情况下，我们就会总处在恐惧、妄想、无效和无作为之中"。

第十章

应用绩效考核结果

　　绩效考核结束后，企业对绩效优良者提薪、晋升，对绩效不佳者以面谈的方式进行了及时的批评和反馈，但至此，绩效管理并没有结束，绩效考核还包括评价和发展两个阶段。

　　绩效考核的结果摆在我们面前：有的员工绩效高，有的员工绩效低。每个管理者都希望自己的员工能有高绩效，但事实总是不尽如人意。改变员工低绩效的状况，使员工的绩效得到提高，是管理者面临的一大难题。

技能点 1
合理应用绩效考核结果

多年以来，实施绩效考核的管理者发现，绩效考核成功与否，很关键的一点在于绩效考核的结果如何应用。

传统上，人们进行绩效考核的主要目的是帮助组织做出一些薪酬方面的决策。但现在看来，这种做法很显然是片面的。一个组织更需要通过绩效考核留住绩效好的员工，并不断促使他们做出更好的业绩。绩效考核的结果可以有多种用途。

1. 用于工资调整

这是绩效考核结果的一种非常普通的用途。一般来说，为了增强报酬的激励作用，员工的报酬体系中有一部分报酬是与绩效挂钩的。对于从事不同性质工作的员工，与绩效挂钩的报酬所占比例不同。绩效结果运用于工资的调整主要是体现对员工长期的激励，这主要表现在两个方面：一是将考核用于年度工资额的调整，即对考核结果优秀的员工，上调其下一年度的工资；二是工资的定期调整，即以年度的考核结果为依据，来决定工资是否调级，以及调级的幅度如何（见图 10-1）。

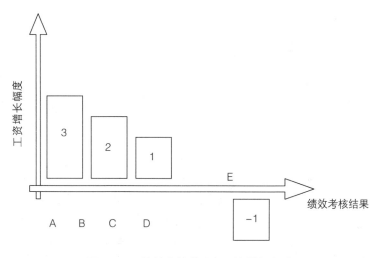

图 10-1 绩效考核结果与工资增长幅度

2. 用于奖金分配

　　将绩效考核结果用于奖金分配，体现了对员工的短期激励。绩效考核结果为年终奖金的确定提供了很好的依据，不过，奖金的发放形式和水平，不同类别的企业应有所不同。

3. 用于职位置换

　　绩效考核结果也可以为员工职位的变动提供一定的信息。管理者可以通过分析累积考核结果的记录，发现员工工作表现与其职位的不适应性问题，查找原因并及时进行职位置换。例如，能力级别较高的员工，出于个人爱好或其他原因而不能适应现在的职位，能力没有充分发挥；能力级别较低的员工，不能适应现有的职位，但可以胜任较低序列的职位。对这样两类员工，可以参照员工个人的选择，有组织、有计划地将其置换到新的职位，真正做到人适其事，事得其人。职位置换还包括公司有计划地将一批优秀人才在各种职位之间的轮换、交流，以培养员工全面的才干。

4. 用于晋升调配

连续的绩效考核结果记录为职务晋升和干部选拔提供依据。通过对员工在一定时期的连续绩效分析，选出连续绩效比较好和比较稳定的员工，纳入调配或晋升名单。

5. 用于培训教育

通过分析积累绩效考核结果的记录，管理者可以发现员工群体或个体与组织要求的差距，从而及时组织相关的培训教育活动。工作态度上落后的员工，需参加再培训；对于能力不足的员工，管理者可通过组织有针对性的培训活动，开发其潜力，提高其工作能力；同时，管理者还可以组织各种情景模拟形式的管理者培训，不断发现管理干部，提升管理能力。

6. 作为员工选拔和培训的效标

绩效考核结果可以用来衡量招聘选拔和培训的有效性。如果选拔出来的优秀人才实际的绩效考核结果确实很好，那就说明选拔是有效的；反之，就说明要么是选拔不够有效，要么是绩效考核结果有问题。员工接受了培训之后的效果如何呢？这就要通过培训之后一段时期内的绩效表现反映出来。如果绩效提高了甚至有显著提高，就说明培训的确有效；如果绩效没什么变化，就说明培训没达到预期效果。

7. 促进公司和部门的人力资源开发

如何有效地开发现有的人力资源，最大限度地发挥人力资源的整体功效，这是公司人力资源管理工作的中心任务。绩效考核作为基础性环节，提供了全体员工的动态、连续和完整的考核结果记录，对其加以分析，可以发现员工及组织存在的问题。

8. 用于激活沉淀

绩效考核结果不佳的员工，逐渐成为"沉淀层"，如不能"激活"，最终必将被淘汰出局。所以对这部分员工，公司要加大竞争压力，促其警醒。再给其以机会，准其参加态度或能力方面的专项培训，培训合格者可以在内部寻找工作职位，但必须经过严格的考核。仍不能适应工作的员工，只能被置换到外部劳动力市场。在公司考核结果中垫底的极少数员工，只有依靠能力的提高，不断改进工作水平，才有可能在竞争中反败为胜。

9. 用于个人发展计划

每家公司的员工在实现组织目标的同时，也在实现着个人的职业目标。将绩效考核结果反馈给员工个人，同时由考核者指出其工作的优点、缺点，使员工改进工作有了依据和目标。在组织目标的指导下，员工不断提高工作能力，开发自身潜能，不断改进和优化工作，这也有助于员工职业目标的实现和个人职业生涯的发展。现代人力资源管理非常注重个人职业生涯的设计，试图将其纳入组织目标体系，使两者达成方向上的一致。绩效考核作为一种导向和牵引，明确了公司的价值取向。绩效考核结果的运用，一方面，强化了员工对公司价值取向的认同，使员工个人职业生涯有序发展；另一方面，通过价值分配激励功能的实现，使员工个人的职业生涯发展得更快。个人职业生涯的发展反过来又促进了组织的发展。

技能点 2
处理员工的绩效问题

当员工的绩效出了问题时，管理者绝对不能忽视，一定要采取相应的措施解决问题。将绩效管理中员工出现的问题妥善处理，是管理者不能忽视的问题。

1. 处理绩效问题的困惑

对于管理者来说，处理员工的绩效问题往往是一件棘手的事情，因为这意味着管理者必须扮"黑脸"，必须正确地面对和处理这些问题。

小汤是某公司客户部的主管。早上一上班，副总裁就把他叫到办公室，跟他讨论他手下一个客户经理肖天的问题。在上次的绩效考核中，肖天的业绩结果远远低于平均水平。副总裁说："小汤，你尽快做肖天的工作，给他一个月的时间，如果他还是没改进，就劝他走人。"一整天，小汤都在想着与副总裁谈话的事情，他想到："我的确应采取一些措施，一直以来我都对这件事情保持沉默，其实我很希望肖天的绩效能有所改进。但肖天最近情绪不太好，而且最近两周的业绩仍没什么起色。他可能对自己前途的问题很敏感，我该怎么做？"

如果你遇到这样的情况，是否也会觉得尴尬？管理者难免会遇到纠正员工不良绩效的问题，这是管理者担负的职责。问题在于，到底该用什么方式来处理员工的绩效问题？

按照正确解决问题的步骤，小汤一发现肖天的问题就应开始与其沟通。如果肖天并没有意识到自己绩效问题的原因在于自己与客户的沟通技巧，而过分强调客观原因，小汤就应将沟通要点放在如何让肖天认识到自己的主观错误上。接下来小汤就应帮助肖天设计改进绩效的办法。一个月后，小汤询问一些客户的意见，发现绩效改进计划进行得并不理想。小汤不得不对肖天采取更严厉的方式。小汤再次与肖天进行了沟通，并在提出严厉处罚的时候仍不忘对肖天提供帮助。在小汤的帮助下，肖天的绩效终于有了一定的提高。

2. 处理绩效问题应遵循的原则

① 管理者应做到及时主动地与绩效存在问题的员工沟通，沟通越及时，就越有利于问题的解决。

② 管理者要设法让员工明确地认识到自己存在的绩效问题，并让员工有勇气承担起解决绩效问题的责任。

③ 管理者要帮助员工充分认识到自己绩效方面存在的差距，确定提高绩效的方法。

④ 管理者应首先以一个帮助者的身份来帮助员工解决绩效问题，要尽量使用教育、培训等积极的方式解决问题。如果以上方式不能有效地解决问题，也应向员工指明，如不能改进绩效，他可能要受到处罚，并指出管理者要按照约定实施这些处罚措施。

⑤ 要尽量使员工承受较小的压力。因为员工为自己的绩效问题已感到很大压力，此时，如果管理者再给他施加更大的压力，就会使员工丧失信心或产生逆反情绪。

3. 处理绩效问题的步骤

处理员工的绩效问题时，可以采取以下步骤。

（1）第一步：沟通和识别问题

在这个阶段，管理者应与存在绩效问题的员工进行沟通，同员工一起寻找其实际绩效与期望的目标之间的差距到底有多大。然后，分析是什么原因造成的差距，要从这些原因中找出与员工本人有关的可以通过具体措施改进的问题。如果问题不是由于员工本人的因素造成的，而是由于周边环境等一些客观因素造成的，那么管理者就应设法去解决客观因素，而不是去改变员工的工作方式。如果确实是员工的能力问题，管理者就应该安排培训或其他方式帮助员工提高能力。

（2）第二步：采取帮助措施

在通过沟通确认了员工的绩效问题，以及造成绩效问题的原因之后，管理者应首先以帮助者的角色出现，帮助员工一起研究制定绩效改进的措施。管理者要根据员工的绩效问题，帮助员工制定目标，要制定需经过努力才能达到的目标，同时在达到目标的过程中设置一些例行的检查，以便及时给员工反馈。

（3）第三步：采取处罚措施

对于有绩效问题的员工，如果采取帮助措施仍不能奏效，管理者应果断地采取一些处罚措施，但要注意几个问题。

① 采取处罚措施要事先与员工进行沟通，让员工了解为什么要实施这些惩罚、所要采取的措施是什么，以及在什么情况下自己将被处罚。

② 采取的措施要合情合理，而且要由轻渐重，循序渐进，不要过于苛刻。

③ 采取处罚措施之后要关注处罚的结果。

技能点 3
绩效付薪

薪酬管理同绩效管理一样，也是绝大多数企业苦恼的事情。对国内外许多知名企业的调查显示，50% 甚至更高比例的员工对自己的收入不满，他们认为，自己的收入与自己的付出是不相称的，他们没有得到真正公正的提薪，绩效的改善并不会带来更高的收入。

造成这样结果的原因是多方面的，例如，没做好绩效管理，没建立明确的付薪制度，付薪制度没得到真正合理的落实。

为了更好地了解绩效付薪，我们应先了解付薪的方式。

1. 四大付薪方式

商业活动中的大多数公司或单位所采取的付薪方式基本为以下四种之一。

（1）基于市场的付薪方式

这种方式遵循商品经济的价值规律，按照劳动力市场的供求关系，能动地反映劳动力价值（见图 10-2）。它的基本假设是，劳动力市场是一种自由竞争的市场，劳动力的价值可以通过市场竞争完全体现出来，同时不能忽视内部人力资源市场对薪酬的影响。

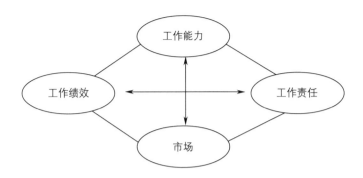

图 10-2　基于市场的付薪方式

（2）基于岗位责任的付薪方式

这种方式根据工作所要求的责任、工作量、工作环境等因素来确定员工薪酬（见图 10-3）。员工报酬与岗位要求挂钩，不需要考虑岗位之外的员工绩效、员工能力等。

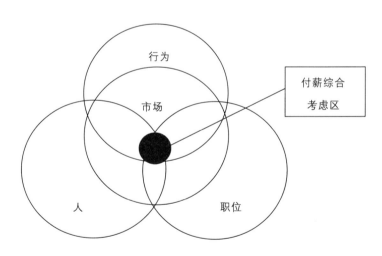

图 10-3　基于岗位责任的付薪方式

（3）基于能力的付薪方式

这里所说的"能力"包含两层含义：一是看得见的行为方式或用言语形式表现出来的能力，如表达能力等；二是潜在素质，这种素质是隐性的，却往往起着重要的作用，如员工的逻辑思维能力。工作能力是在实现工作目标过程中体现出来的，对工作目标的达成起着重要的作用。

基于能力的付薪方式适用于扁平化、团队化企业。

（4）基于绩效的付薪方式

基于能力的付薪方式中的"能力"是指员工在完成工作目标过程中所表现的与工作有关的能力。

为了高效地实现企业的战略目标，企业必须尽可能地提高组织绩效和员工绩效。企业对员工支付薪酬的目的主要在于激励员工努力提高工作绩效。因为管理者很难有效地监督员工在工作中是否尽力，况且监督要付出相当高的成本。要使员工积极主动地在劳动中付出努力，就要提高对员工的激励水平。高报酬水平带来高激励水平；所以，高投入的工作，也应有相应的高报酬。

2. 绩效付薪的用途

绩效付薪有很多用途，下面讲一些主要方面。

（1）绩效工资

以绩效为导向的工资制度强调员工的工资调整取决于员工个人、团队及企业的绩效，以绩效结果和对企业的贡献度为评价标准。

以绩效为导向的付薪制度将绩效结果和工资的评定有机结合。这样做的好处是：

① 促进公司战略目标的传递和分解。

② 强化员工的贡献和绩效的改进。

③ 使工资的分配更合理、更公平。

④ 让工资的分配具有更大的弹性，增强激励效果。

调查表明，无论是员工还是管理者，都认为工资应该和绩效挂钩。如果绩效不与工资挂钩，则绩效高的员工离职率就高；反之，如果工资基于员工个人的绩效，则低绩效的员工离职率就会高。

（2）奖金分配

奖金的发放一定要基于考核，对于考核要素的选取及要素权重的确定往往反映了公司的价值导向。

绩效目标奖金法指的是根据部门或员工的绩效目标完成情况进行奖金分配。小企业可以根据公司的经营绩效和员工的个人绩效表现来确定员工奖金。而大、中型企业一般采取奖金包分配的方式。

员工个人奖金的分配额度取决于个人绩效结果和部门奖金多少，而部门奖金的多少与公司奖金总额及公司效益密切相关。这样有利于让员工不仅关注个人绩效，更会关注团队、部门及公司的绩效。公司奖金总额和部门奖金的关系可以用图 10-4 来表示。

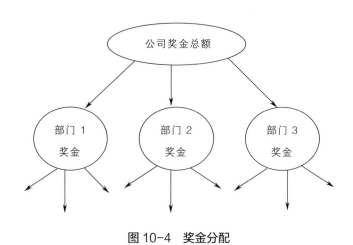

图 10-4　奖金分配

（3）股权激励

有些公司对高层骨干人员采取股权激励的方式。这样有利于形成公司的骨干核心层，使公司的控制权逐渐掌握在一批既有才干又能长期为公司做出贡献的骨干手中，有利于保证公司长远、健康地发展。股权激励主要针对员工的潜能与未来贡献，员工当前的绩效状况是判断其未来贡献的重要依据。

总而言之，绩效付薪作为一种重要付薪方式，仍在发挥着它应有的作用。尽管也存在其他的付薪方式，但只要企业生存和发展的目标没有改变，追求利润的宗旨没有变化，就不能放弃绩效付薪。随着知识型员工的出现，绩效被赋予了新的含义，绩效付薪方式也有了更广泛的用途。

技能点 4
绩效改进

　　绩效改进工作的成功与否，是绩效管理能否发挥效果的关键，绩效改进是绩效管理过程中的一个重要环节。传统的绩效考核的目的是通过对员工的工作业绩进行考核，将考核结果作为确定员工薪酬、奖惩、晋升或降级的依据。而现代绩效管理的目的并不仅仅如此，促进员工能力的不断提高及绩效的持续改进才是最根本的目的。

1. 绩效改进的过程及其指导思想

　　效绩改进的过程分为两步。

　　第一步：分析员工的绩效结果，找出员工绩效中存在的问题。

　　第二步：以存在的问题为依据制定合理的绩效改进方案，并确保方案能有效实施。

　　要做好绩效改进工作，理解绩效改进的指导思想是很重要的。对于指导思想的理解可以分为三个部分。

　　第一，绩效改进是绩效考核的后续性工作，所以绩效改进是以对员工现实工作的考核为出发点的，不能将这两个环节割裂开。由于绩效考核强调的是人与标准之间的对比，而非人和人之间的差距，因此，绩效改进需求的确定应当是在与标准比较的基础上完成的。

第二，绩效改进必须自然地渗透到部门的日常管理工作中，才有其存在的价值。绩效改进应是管理者日常管理事务中的一部分，管理者不要把它看成一种负担。这种自然渗透的形成，一方面有赖于成功的企业文化对管理者和员工进行理念的灌输，使大家真正认识到绩效改进的意义和价值；另一方面依赖于部门内双向沟通的制度化、规范化，这是绩效改进工作的制度基础。

第三，帮助下属改进绩效、提高能力是管理者义不容辞的责任，管理者不应以"没时间"等各种理由推托。

管理者常常对绩效管理有误解，他们认为绩效管理是"事后"讨论，实际上这不是绩效管理的核心。绩效管理不是以反光镜的形式来找员工的不足，而是为了防止问题的发生，找出通向成功的障碍。所以，管理者应首先承担起绩效改进的责任。

2. 绩效改进的步骤

（1）第一步：绩效诊断和分析

绩效诊断和分析是绩效改进过程的第一步，也是绩效改进的最基本环节。它有两个关键点。

第一，通过分析考核结果，找出绩效不佳的员工和关键绩效问题。

> 组织期望的绩效状态是组织为保持竞争优势，保证长期生存和发展所确定的与客户需求、战略目标、任务要求相适应的、并有可能实现的绩效水平。

关键绩效问题是通过对比实际绩效状况和期望的绩效状态之间的差距得出的。期望的绩效水平可以参照同等条件同行业内具有一流水平企业所达到的绩效加以确定。实际绩效则是由组织成员现有的能力和组织现有的总体竞争力决定的。绩效问题并不是由客观原因，而是由主观原因造成的。

第二，针对关键的绩效问题，在充分考虑绩效不佳员工和企业现有资源的基础上，大致确定绩效改进方向和重点，为制定绩效改进方案做好准备。此时确定的并不是具体的绩效改进方案。

（2）第二步：组建绩效改进部门

制定具体的绩效改进方案，必须综合考虑各种因素。条件允许的话，企业应组建专门的绩效改进部门来负责具体的绩效改进工作。可以根据绩效改进的需求来确定部门的人员结果、数量、组建方式等。

（3）第三步：选择绩效改进工具

企业可以把波多里奇卓越绩效标准、六西格玛管理和 ISO 质量管理体系看作绩效改进的主要工具。在选择绩效工具时，并不是选这个或选那个的问题，而是选一个、两个或三个的问题。

① 波多里奇卓越绩效标准。

波多里奇卓越绩效标准通过识别和跟踪所有重要的组织经营结果，关注整个组织在一个全面管理框架下的卓越绩效，从而保证客户、产品或服务、财务、人力资源和组织的有效性。

② 六西格玛管理。

六西格玛管理是世界级企业追求卓越的一种先进的绩效改进工具。六西格玛指"6 倍标准差"，即在质量上表示每百万个产品的不良品率少于 3.4。六西格玛管理在今天已经不仅仅是产品质量管理和绩效改进的工具，而成为企业管理现代化程度的代名词。

六西格玛管理的重点是集中在测量产品质量和改进流程管理方面，推动流程改进和节约成本。

③ISO 质量管理体系。

ISO 质量管理体系是一系列质量评估和改进的标准，目的是在国际市场环境中保证公正，集中弥补产品或服务系的缺点，使之达到体系规定的统一标准，从而增进消费者满意度。

它的基本原则包括以下几点：

• 以顾客为焦点。

- 全员参与。

- 将相关联的过程作为系统加以识别，持续改进。

- 与供方的互利关系。

波多里奇卓越绩效标准、六西格玛管理和 ISO 质量管理体系这三种促进企业绩效改进的工具，具体选哪种或哪几种，还取决于企业的实际需要和环境的实际要求。

（4）第四步：选择和实施绩效改进方案

一旦明确了差距，选择了合理的工具，问题似乎就迎刃而解了。但实践表明，绩效问题往往有多重原因，需要几种措施同时进行。事实上，几种改进方法结合在一起的确能获得较好的效果，但无论采取何种措施，以下原则是不能违背的。

① 时机很重要，及早指出，及早处理。

② 进行彻底及客观的调查。

③ 给予员工改善的机会和劝告。

④ 以正式文件的形式明确下来。

⑤ 应在采取行动之前，与高层管理者和人力资源顾问进行协商。

大体来说，绩效改进方案包括四种类型，如图 10-5 所示，应根据具体的使用环境进行选择。

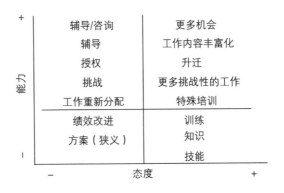

图 10-5　绩效改进方案

（5）第五步：绩效改进结果评估

绩效改进方案实施后，并不是说任务完成了。结果评估就是对绩效改进结果进行评价，以确定是否实现了减少绩效差距的目标。以下是绩效结果评估的四个维度。

维度1：反应。公司中各类员工对绩效改进活动及活动对他们的影响反应如何？客户和供应商反应如何？

维度2：学习或能力。绩效改进活动实施后，员工掌握了哪些以前不会的知识或技能。

维度3：行为。绩效改进活动是否对工作方式产生了所希望的影响？是否在工作中开始运用新技能、工具和程序？

维度4：结果。绩效改进活动对绩效差距的影响是什么？差距的缩小与经营行为是否具有正向相关关系？

评估结果将反馈到组织观察和分析过程中，从而开始新的循环。

3. 变革管理

选择了正确的绩效改进方案并不意味着成功在即。企业变革实践证明，变革的失败更多由实施不力所致，而非方案不优。绩效改进方案成功的关键是对变革过程的管理。绩效改进必然会遇到阻力，阻力或来源于利益的冲突，或来源于旧观念和行为习惯等。在设计绩效改进方案时就需要考虑到其执行过程中可能遇到的障碍，并事前想好对策。一般而言，管理者的支持、充分的宣传和沟通、严谨的步骤是保证绩效改进成功的重要因素。

总之，企业可以将分散、孤立的绩效改进环节加以整合，在各种影响因素的动态联系中，把握影响个人或组织绩效的因素，从而制定出全面有效的改进策略，并使其科学化，以实现组织绩效迅速提高的目标。

A属于绩效改进部门

1. 衡量绩效差距

2. 分析绩效差距产生的原因

3. 评价为改进绩效而采取的培训或非培训措施的效果

B属于传统培训部门

1. 设计开发培训项目及其他类型的学习

2. 实施有组织的学习

3. 对培训人员进行训练，以确保其对他人培训的质量

图 10-6　绩效改进部门与传统培训部门对比

技能点 5
员工晋升

只有将绩效考核结果合理地应用于企业的日常活动中，才不会使绩效管理流于形式。对于绩效成绩较优秀的员工来说，晋升是绩效管理在企业实际中的应用。如果对优秀人才的晋升处理不当，反而会使企业陷入困境。

1. 设计晋升路径

通常来说，我们可以按以下层次设计晋升路径。

① 对企业中的各种职位进行职务分析，找出它们之间的相似性和差异所在。

② 从管理特性和技术特性两个角度对各职位进行分类，并分别将其整合成两类职务群。

③ 对两大职务群再做进一步细分。

④ 以绩效考核成绩为依托，根据每个职务群能力高低划分成若干个等级，勾画出每一个职务群的晋升路径，形成平行的晋升体系。使不同的员工随着自己绩效水平不断提升，能晋升到适合自身发展的这一职务群中的更高等级。

2. 晋升应遵循的几点注意事项

由于不同员工的绩效成绩不同，不同职位的晋升路径、责任、目的、技能要求等也都是不同的。因此，设计每个职位的晋升路径，应遵循以下几点。

① 明确职位的工作职责所需的专业知识、技能、经验、工作环境、工作性质、目的、程序等。

② 明确该职位人员可能晋升的职位的工作责任、目的、性质、所需技能、知识、经验，以及工作环境等。

③ 明确该职位员工晋升到新职位是否需要培训。

④ 明确从一个职位晋升到另一个职位平均所需的时间。

3. 职位晋升的步骤

一般来说，员工晋升可按以下程序进行（见图 10-7）。

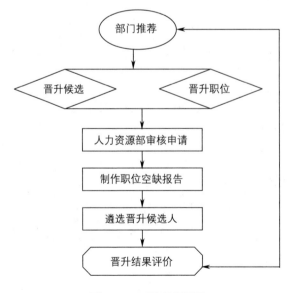

图 10-7　晋升流程图

① 各部门管理者根据部门发展需要和职位空缺情况，结合员工绩效考核结果，提出晋升申请，并推荐适当的候选人。

② 人力资源管理部门对各部门提出的晋升申请和职位空缺情况进行审核。

③ 制作职位空缺报告，在报告中说明组织内职位空缺名称、空缺原因和相关的一些情况。

④ 依据以下标准进行候选人遴选。

- 工作业绩：工作完成的数量、质量、效率。
- 工作态度：工作的积极性、努力程度、敬业精神。
- 工作能力：工作技能和创新能力、开拓能力、适应能力等相关能力。
- 个人道德：忠诚性、原则性、廉洁性、合作精神等。
- 从业资历：工作经历和年限。

以上标准对不同职位具有不同的内涵，在实施时应因人而异，因岗而异。

4. 遴选晋升员工

在进行晋升员工的遴选时，可以采用以下几种方法。

（1）上级评定法

这里所说的上级是指部门主管，管理者根据事先设计好的评定量表对晋升对象进行评定。评定量表中的考察要素视职位的具体情况而设立，其主要内容应包括专业知识、管理能力、人际关系。

（2）两两比较法

将候选人两人一组，从工作绩效、工作态度、工作能力、人品等方面进行一一比较，最优秀者为晋升人选。

（3）评价中心法

将各种不同的测评方法结合在一起形成的一种新型的评价方法。这种方法的适用人群主要是管理人员，尤其是高层管理人员。它通过创立一种逼真的管理模拟系统，由被试者完成系统环境下对应的各种工作。在这个过程中，观察和分析被试人在模拟的各种情境下的行为、心理等表现，以考察候选人的管理能力和潜能，以求得对候选人的全面了解，从而选出合适的晋升人员。

5. 晋升评价

在晋升工作完成后，人力资源部门应对晋升工作的过程和结果进行回顾和评价。一方面，通过与晋升者、上级、同事和下属面谈，了解晋升者本人和其他人对晋升结果的看法；另一方面，对企业晋升工作进行评价。在进行评价时应考虑以下几点。

① 此次晋升结果是否与员工绩效一致？

② 员工晋升职位是否与其职业发展相吻合，晋升路径的选择是否合理？

③ 晋升实施中是否参考了职务分析结果，是否进行了岗位空缺状况分析？

④ 晋升工作中是否引起了人事纠纷？

⑤ 晋升结果是否与企业发展目标相匹配？

6. 职位平调与晋升的关系

员工职位平调，是对员工在企业内工作岗位进行平级变动。传统企业中的岗位平调对象就是绩效考核中成绩不佳的员工，将员工从原来的职位调离到适合员工能力和要求的新职位任职，以实现提高员工绩效的目的。

随着社会和经济环境的变动，国内外组织纷纷开展了轰轰烈烈的组织变革，不断将组织中的等级减少，将较高层次的管理职位减少，使得员工在企业中的晋升路线逐步向水平化转移。现代企业中，绩效优异员工的晋升不再仅仅表现在地位上的变化，更多是工作中职位资格的积累。职位的平级调动不再是绩效不佳者的避风港，而是绩效优异者的成功必经路。

合理的员工晋升和职位轮换，不仅有助于拓宽员工的工作经验广度，还能减轻由于专业化程度过高而产生的工作枯燥感，防止员工工作效率降低，能有效避免人际不和，保持协调融洽的劳动关系，以促进企业整体绩效的提高。

小黄是某互联网公司开发部的一名工程师。他聪明肯干，不久就开发设计了一系列的新软件。公司对小黄的突出贡献进行表彰，决定晋升他为部门主管。销售部一直业绩不好，小黄便做了销售部主管。由于受到了晋升的激励，小黄在新的部门中也做出了更好的业绩。

技能点 6
制定与实施员工职业生涯规划

良好的职业生涯应能由员工所任职的企业从旁或主动协助规划。当得出了每个员工的绩效成绩后，就应以此为依据由企业或员工本人对未来一定阶段内的职业生涯进行规划。

1. 职业生涯规划过程

人力资源专家通常将职业生涯划分为四个阶段，如表 10-1 所示。

表 10-1　员工职业生涯规划

阶段	员工个人的任务	组织的协助
第一阶段：探索（动力：最基本的生理和社会需求）	综合测量自己特有的学历、背景、能力、兴趣、价值观，以及工作经验，探索出一份有可能适合自己的工作； 根据个人主观、客观因素及环境的变化，不断地修正此前做出的预测； 在阶段的末期，个人应做出自认为最合适的选择，寻找第一份工作	进行员工上岗培训，使新员工能对公司文化及概况等有一个较清晰的了解，以便能在最短的时间内适应新环境

阶段	员工个人的任务	组织的协助
第二阶段：建立发展（个人职业生涯的重要阶段）	凭借逐渐积累的学习和工作经验，对当前的工作进行重新评估； 认为工作合适：争取在工作岗位上有杰出的表现，并要开始对职业生涯做更详尽的规划； 认为工作不合适：趁此阶段进行改变和调整	对于满意现状的员工，给予持续的在职教育培训，使其不断提升知识水平和技能； 对表现优异的员工，要有适当完整的计划进行再提高培训，使其为将来可能担当的要职做准备
第三阶段：维持（职业生涯成熟阶段）	已处于组织中较重要的位置，且有在组织中长期安定下来的打算，因此会尽力维护来之不易的地位，以谋求更高的发展	不断实施在职教育，让员工参与进修课程，使员工的专业知识、技能及身心状态都处于最好的境界； 个人在这一时期能否继续发展和成长，企业给予什么样的协助是关键
第四阶段：解脱（职业生涯即将结束）	职业生涯几乎告一段落，准备从企业中退休； 在企业中转为顾问等角色，退居二线； 开始规划退休后的生活	设计并推行退休前的准备训练，使员工能以坦然的心态面对退休前后的改变； 可对欲再创业的员工助其一臂之力

2. 员工个人发展改进计划的内容

员工个人发展改进计划，是指根据员工发展需要改进的方面制订的、一定时期内有关绩效和能力改进提高的计划，员工发展改进计划，通常是管理者和员工在绩效管理过程中，经过双方讨论而达成一致的计划。员工发展计划可以看作员工个人绩效计划的有效补充，是绩效管理关注考核和发展这一核心思想的体现。

员工个人发展计划通常包括几个方面。

（1）需要改进的方面

通常指绩效诊断四要素，即知识、技能、态度和外部障碍。这些有待改进的项目可能是现有水平不足的项目，也可能是现有水平尚可，但需要更高水平的项目。这样的项目应是通过努力可以改善和提高的。一般来说，应在员工个人发展计划中选择一个最为迫切需要提高的项目，因为人的精力是有限的，只能对有限的一些内容进行改进和提高。

（2）改进和发展的原因

选择某些项目放入个人发展计划中一定是有原因的。这种原因通常是员工在这方面的能力水平比较低，而工作又需要其在这方面达到更高的水平。

（3）目前的状况和期望达到的水平

绩效改进计划应有明确的目标，因此在制订个人发展计划时需要明确拟提高的项目目前的水平是怎样的，组织期望达到的水平又是怎样的。

（4）发展这些项目的方式

将某种待发展的项目从目前的水平提高到期望的水平可以有很多种方式，例如培训、自我学习、别人帮助改进等。对一个项目进行改进可以采取一种方式，也可以选择多种方式。

（5）设定达到目标的期限

预期在多长时间内能够将有待发展的项目提高到期望水平，指出考核的期限。

（6）确定改进的措施和责任人

应当确定责任部门或责任人，以便更好地帮助员工，在必要时给予支持和帮助等，跟踪其改进的效果。

完成了员工个人职业生涯规划后，下一步就要考虑如何实施了。

3. 员工人力资源部门共同参与

（1）员工本身的参与

员工在规划职业生涯时，理所当然地扮演着最重要的角色，因为没人能比自己更了解自己的需要。而个人在进行职业生涯规划时，须纳入考量的因素应分为内在和外在两方面。

内在个人特色包括：

① 个人的性格——社会学家以职业导向为基础，把人们的性格大致分为六大类。

- 实际型：喜欢从事需要技能和体力的工作。
- 研究型：喜欢从事认知性的活动。
- 传统型：喜欢从事循规蹈矩的工作。
- 艺术型：喜欢从事创造性、表达感情方面的工作。
- 企业型：喜欢从事能影响、说服别人的工作及管理工作。
- 社交型：喜欢从事人际社交方面的工作。

每个人都应先了解自己的性格，虽然没有一个人能完全归属于某一个类别，但只要是相邻的性格，都可以考虑相互配合。然而，若发现自己拥有的是比较对立的性格（研究型和企业型），就要重新考虑，或在不断试验后选出一个主倾向。确定自己的性格是成功规划的第一步。

② 个人价值观——成长的环境和个人经验的积累是影响个人价值观形成的因素。例如，有些人觉得不求得名利双收就会枉费此生，而有人认为自在悠闲过一生才是幸福，这没有对错之分，全凭个人权衡取舍。

③ 工作经验——无论是参加过的学生活动，还是以前的工作经验，都可以作为考虑的标准。

④ 个人能力——通常绩效考核的结果能在一定程度上客观、科学地反映出每个员工的综合素质。

外在环境包括：

① 产业整体趋势——整个产业的大环境应充分考虑，如现状怎样，未来的发展前景如何。

② 所处产业的形态——若企业处于较成熟、饱和的产业，成长已趋于缓和，企业处于较稳定的状态，个人要想有较快的发展和较大的冲刺空间的可能性就不大。反之，如果企业处于市场成长率较高的产业，个人就相对有较大的发展空间。

③ 组织内的人力资源政策——以员工为导向，处处关心员工的企业，会有较完善的人力资源规划政策，如任职于这样的企业，员工就会有较大的机会获得有发展优势的职业生涯规划。

④ 员工个人的工作特性——不同的工作特性会给员工提供不同的学习经验和体会，而这些经验同样会影响员工个人选择职业生涯。

员工个人进行职业生涯规划的步骤如下。

第一步：综合判断拟订计划。

可行的计划，指的是员工自行选择参与企业内人力资源部安排的各种教育课程，检视自己的目标以后，评估出自己现在或未来须加强的能力，并依此排订可参与的教育训练课程。

员工综合评价内外因素后，应先为自己制定具有挑战性的短、中、长期目标。对目标的描述越具体，越能体现员工对自我发展的重视程度。目标订立以后，再以达成目标为标准，制订可行的计划。

第二步：与管理者讨论。

员工自行制定了目标，并依此选择了适合的训练课程后，应与直接管理者进行讨论，制订出明确可执行的计划。但这一切都依赖于员工自身对职业生涯规划的重视，否则管理者也不会愿意花心思。

第三步：评价、修正计划。

在实际执行计划后，将实际结果与事先预期的效果进行对比，分析差异所在及产生的原因。

（2）人力资源部门的配合

人力资源部应在组织内为员工建立起一套职业生涯规划制度，使员工无论处于哪个职业生涯阶段，都有不断向前的冲劲。

① 分析产业环境，检讨内部人力资源政策。

② 进行工作分析。对每个职位进行应具备能力、要处理事务及要承担责任的分析，并将资料公开，使每名员工都有同等机会了解工作的相关信息，以利其规划自己在组织内未来的走向。

③ 推行内部招募制度。将组织内空缺职位的信息公开，由员工自行选择未来的发展方向并做出规划，然后将此规划告知人力资源部，以求得配合。

但要注意的是，给予员工的自由选择权仍是有限制的：为了避免员工不安于现状，人力资源部应规定在某一职位上未满某个年限，不得申请参与内部招募，借以防范组织始终处于变动状态。

4. 人力资源部的统筹管理

人力资源部要将员工对发展的需求做统筹安排，以建立起一套能帮助员工增进能力，使其达到职业生涯规划目标的教育计划。

① 员工和企业的共识：就员工而言，应认识到参与教育训练的重要性，并能积极自主地追求自我成长；就组织而言，应认识到职业生涯规划对员工的重要性——只有员工不断进步，组织才有长足发展的可能。所以，组织应给予充分的支持和协助。

② 丰富的资源：协助员工参与训练牵涉的面几乎涵盖了整个人力资源制度，因此需要非常丰沛的资源。资源太少，会使实际执行出现困难。

5. 实施教育训练计划

一套有效的教育训练计划，可以帮助员工不断吸收新知识、新观念和技能，使员工不断成长，进而带动整个组织发展。

教育训练计划应包括几个方面。

① 鼓励员工进行自我进修，由企业补助。

② 举办专题讲座，开设训练课程。课程内容的安排或来自企业的工作分析后，通过分析汇总出各职位员工应具备的能力，并以此为依据设计课程；或来自员工的主动要求。

③ 建立工作轮调制度。借助工作轮调制度，培养员工成为全能型员工，这样也有利于未来企业的工作趋势——工作团队的施行。

④ 建立职务代理人制度。每一个员工的职务都可由另一人后备代理执行，而每一人都是其他人的职务代理人。这样紧密的连接，可以保障组织长期稳定、有效地运作。即使个别员工因特殊情况而不能执行职务，企业也不会出现像一部机器少一颗螺丝钉就无法运转的情况。

代理人可由管理者指定，或由被代理人自行指定，或由员工主动提出代理。这样做可以让员工学到更多。

⑤ 直接管理者指导。对员工来说，获益最大且最直接的学习应当是来自直接管理者的指导。由于直接管理者最接近员工，也最了解员工的实际工作状况，因此能对员工提出比较直接、及时、有建设性的建议，让员工能在实际运作中不断改进和提高。

有人认为，职业生涯是一条边走边做的路。但是个人若能在事前设定好一定方向和计划，再辅之以组织协助，一定会获得职业生涯的成功。

技能点 7

结合绩效考核结果激励员工

　　管理中的激励就是要解决调动员工积极性的问题。如果把激励制度促进员工创造性和促使员工主动提高自身素质的因素考虑进去，激励对工作绩效的影响就更不容忽视了，它是进行绩效管理的一个重要手段。对于考核成绩不理想的员工，激励可使他们战胜困难，改进绩效；对于考核成绩优秀的员工，持续的激励可使他们蒸蒸日上，工作积极性永葆旺盛。

1. 物质激励和精神激励

　　因为人的需要是多种多样的，不仅有物质方面的，还有精神方面的，所以激励应包括物质激励和精神激励两方面。员工既需要从企业获得改善物质生活的报酬，也需要从企业中得到关怀、友爱和信任，表现自我的机会。因此，充分发挥精神激励和物质激励的合力作用，能极大地调动员工的积极性，激发员工蕴藏的潜能。在国外的一些企业中，对员工的激励大致有三种方式：奖金、晋升和赏识。奖金和晋升如今已经被许多管理者应用，而赏识在我国用得相对较少，它却是最值得管理者借鉴的。

　　赏识是对完成任务的员工表示感谢，同时赠予相应礼品的一种手段。赏识这种方式将物质激励和精神激励融为一体，既使员工得到了相应的报酬，又使其感受到来自管理者的关怀和信任，得到精神上的享受，从而起到了双重激励的作用。比如有一项工作急需某位员工去完成，管理者可以对他说："我把这项工作交给你，完成后给你发 200 元

奖金。"工作完成后兑现。或者管理者也可以这样说："这项工作很重要，把它交给你是因为只有你才能把它完成。"以后再找机会发给他 200 元奖金。这两种方法都能达到完成工作的目的，但后者显然优于前者，前者是纯粹的物质激励，很容易形成"多奖多干，少奖少干"的局面，而后者在工作任务和物质激励的中间加上了一个环节，使物质激励成为精神激励的寄托，消除了纯粹物质激励的弊端，可以在某种程度上满足员工的荣誉感，使其产生更大的动力。

> 赏识是对完成任务的员工表示感谢，同时赠予相应礼品的一种手段。

2. 员工持股激励

这种方式主要是针对股份制公司而言的。让员工持有公司部分股份，从而使员工作为公司的所有者来参与企业经营、管理和利润分配。通常情况下，人们为自己工作时，会更加认真。因此企业财产关系内部化，全体员工拥有企业产权还会使生产效率更高。

3. 语言激励

语言是人与人交流的主要工具，管理者向下属传递信息时，主要使用语言。这种方式的激励使用广、效果快，不需代价，不受限制，随时随地都能进行。它包括对考核成绩优秀的员工的赞美，也包括对考核成绩不理想的员工的批评。

（1）赞美

被重视的愿望来自人的内心深处，任何人都渴望得到赞赏，因为它能满足个人较高层次的需要，管理者对员工的赞美尤其如此。管理者需要

睁大自己的眼睛，去找那些值得赞扬的事情，即使是员工微小的进步，都值得管理者去赞扬。当管理者赞美员工时，管理者在给他们一种荣誉；当对他们的微小进步加以赞扬时，他会用更大的进步来回报赞扬。不过，管理者必须明白，赞扬必须是发自内心的，来源于实际，让员工感到真实可信，否则会让人觉得管理者是有所图，从而产生反感。

（2）批评

任何人都喜欢批评而不喜欢被批评，但如果批评得当，不仅不会使员工灰心，反而会产生激励效果。管理者要经常指出员工的问题所在。人的坏习惯往往是在不知不觉中养成的，在自我蒙蔽的情形下，管理者必须提供反馈信息，指出员工的错误在哪里，并告诉他们应如何改进。可以使用"汉堡原理"，将批评夹在好评之中，这样比较容易被接受。

4. 情感激励

著名诗人白居易有言："感人心者，莫先乎情。"人都是有感情的，需要有可靠的归属感，渴望感情的温暖。对企业员工来说，他们的所思所想、所作所为无不贯穿着感情，因此，情感激励有时能取得比物质激励更好的效果。正是因为有刘备的"三顾茅庐天下计"，才有诸葛亮的"两朝开济老臣心"。情感激励就是通过上级和下级、同事之间的感情沟通，来增强企业的凝聚力，激励员工更加努力地工作。现在大力倡导的人本管理、柔性化管理等，体现的正是情感激励的思想。

5. 工作激励

人们通常能把自己感兴趣的事情做好，一项符合员工兴趣和能力并具有挑战性的工作，本身就是具有吸引力的，员工不仅愿意做，而且会尽心尽力地做到最好。因为通过工作获得的成功，是一种为大家所接受的成功，它不仅

> 你如果想让一个人做好工作，那就让他做适合他的工作。

证明了员工的能力，也增强了员工的自信，满足了员工自我实现的需要。这种激励的代价很低，作用却很持久，在国外的企业中备受重视。

6. 目标激励

给员工确立一定的目标，以目标为诱因驱使员工去努力工作，以实现他的目标。任何企业的发展都需要经营目标，任何个人在需求的驱使下也会有个人目标，目标激励要求组织目标和员工目标统一，将企业目标转化为个人目标，这样员工从满足个人需要出发，会自觉努力地工作，在实现个人目标的同时使企业目标得以实现。对大多数员工来说，目标代表他们从未达到过的状态，实现目标是对自身的升华，为此，员工在追求目标实现过程中会不断努力，发挥自己最大的潜能。

7. 绩效信息激励

人们都希望知道自己的行为产生的结果，就像学生考完试后都希望知道自己的成绩一样。管理者应及时将员工的绩效和组织的绩效反馈给员工，并告知他们的努力和最终目标尚存的差距。这是对员工的尊重和信任，也能取得激励的效果。

管理者由于巧妙地运用激励手段，可以使员工积极性得到很大提高，生产效率迅速提高，员工满意度加强。

┃ 思考 ┃

如果你的企业中有三名员工，A 是一名中年男子，成熟、稳重；B 是一名年轻小伙子，充满活力；C 是一名中年妇女，有丰富的生活经验。请问你将如何针对他们的特点进行激励？

参考书目

[1] 胡劲松. 绩效管理从入门到精通 [M]. 北京：清华大学出版社，2015.

[2] 罗元福. 破解"窝火"的绩效管理 [M]. 北京：北京联合出版公司，2013.

[3] 章义伍. 如何打造高绩效团队 [M]. 北京：北京大学出版社，2004.

[4] 世界 500 强企业管理标准研究中心编. 绩效测评与管理 [M]. 北京：中国社会科学出版社，2004.

[5] 谭晓珊. 大话西游团队：打造高绩效团队的奥秘 [M]. 北京：企业管理出版社，2004.

[6] 辛枫冬. 最新企业绩效考核实务 [M]. 北京：中国纺织出版社，2004.

[7] 金观韬. 绩效：让你的员工为效益而努力 [M]. 北京：机械工业出版社，2005.

[8] 王志宇. 绩效魔方：绩效管理操作手册 [M]. 北京：中国社会科学出版社，2003.

[9] 付亚和，许玉林. 绩效考核与绩效管理 [M]. 北京：电子工业出版社，2004.

[10] 孙波，饶征. 以 KPI 为核心的绩效管理 [M]. 北京：中国人民大学出版社，2003.

[11] 安迪·尼利等. 战略绩效管理：超越平衡计分卡 [M] 李剑锋等，译. 北京：电子工业出版社，2004.

[12] 徐芳. 团队绩效测评技术与实践 [M]. 北京：中国人民大学出版社，2003.